festina lente

ゆっくり、いそげ

カフェからはじめる
人を手段化しない経済

影山知明

大和書房

まえがき

ゆっくり、いそげ。

ラテン語で、「festina lente（フェスティナ・レンテ）」。

朝起きて、寝坊に気付く。あ、予定に間に合わない。あわてて準備して飛び出すが、駅までの道すがら打合せに必須の資料を忘れたことに気付き、泣く泣く来た道を戻る……。

――フェスティナ・レンテ。

「急がばまわれ」と言ってもいい。目的地への到達を急ぐのであればあるほど、むしろ目の前のこと、足元のことを一つ一つ丁寧に進めた方がいい。

もしくは一つ一つ丁寧に進めていけば、存外早く目的地に到達できるものだ。そういう経験則を語った、昔からのことわざ。

実は、ぼくが経営する東京都西国分寺のカフェ「クルミドコーヒー」の運営会社の名前である。

『結論はまた来週』という、ノンフィクションライター髙橋秀実さんの書くコラムを読んだときのことだ。そのなかに「勇気を持って、ゆっくり行こう」という見出しのものがあった。二〇〇八年の北京オリンピック、競泳一〇〇メートル平泳ぎで金メダルを獲得した北島康介選手にまつわる話だ。

〝私は平井伯昌コーチの言葉に胸を打たれたのである。彼は決勝直前に北島に対してこうアドバイスしたという。

「勇気を持って、ゆっくり行け」

スピードを競うレースにもかかわらず、彼は「ゆっくり行け」と指示した。テレビ朝日（『報道ステーション』）によると、北島は100mの準決勝で前半50mを19ストローク（かき）で泳いでいたらしい。しかしこれだと後半に手足がバテて失速する。そこで平井コーチは200mを泳ぐ時のようにストローク数を減らして「全身を使ってゆっくり泳ぐ」戦略を立てて決勝に臨んだ。そして実際にゆっくり行ったら世界一早く着いたということなのである。〟

こういうことはしばしば起こる。

例えば、お店の評判や認知度を上げたいと思うとき。一つの方法は広告宣伝費を大量に使うことだが、実はそれよりも、お店を訪ねてくださるお一人お一人に丁寧に向き合うことを積み重ねていった方が、長い目で見たら近道ということは大いにある。一つ一つ、一かき一かきかと言って、のんびりやっていればいいということでもない。一つ一つ、一かき一かきには全力を尽くす。

自分はこの「ゆっくり、いそげ（フェスティナ・レンテ）」こそ、これからの経済や社会を考えるときの基本指針になるのではないかと思っている。

経済とは元々、中国の古典に登場する言葉で「経世済民（＝世をおさめ、民をすくう）」の意であるとされる。国内でも江戸時代には使われていたようだ。言葉としては、政治や生活も含めて「社会をつくる」というニュアンスすらそこには感じられる。

それがいつからか「ビジネス」という言葉に置き換えられていった。

ビジネスの由来は、bisig ＋ ness。bisig は古い英語で、ここから派生した形容詞形が busy だから、「忙しさ」をその語源に持つことになる。時間をかけず、労力をかけず、コストをかけず、できるだけ効率よく商品・サービスを生産し、お金を稼ぐ。

「経済」は、「ビジネス」という語を経由して、気が付けば「お金儲け」の意で使われるようにさえなってきた。

対極には、「スロー」を旗印としたムーブメントもある。「ファーストフード」に対する形での「スローフード」が火付け役となり、スローライフ、スローシティ等……。ベースとしては、進展するグローバル資本主義へのアンチテーゼがあると言っていいだろう。

また、少しトーンは違うものの、近年では「降りていく生き方」「減速生活者（ダウンシフターズ）」といった言葉まで登場し、競争社会から離れ、少ない消費で、少ない収入でも等身大の充足感を実現する暮らし方の提唱も起こっている。


ぼくは常々、この中間がいいなと思ってきた。

お金がすべてという発想に与するものではまったくないが、一方で便利さも求めたいし、贅沢だってしたいこともある。売上や利益は、自分の仕事に対する社会からの評価だ。新しい技術やアイデアで世の中が劇的に変化していく様子にワクワクするし、競争は自分を高める貴重な機会とも考える。


ただ一方で、ビジネスが売上・利益の成長を唯一の目的としてしまいがちで、人や人間関係がその手段と化してしまうこと、人を利用価値でしか判断しなくなってしまうこと、さらにはお金が唯一の価値であるかのように経済・社会がまわることで、ときに景観が壊され、コミュニティは衰退し、文化は消費される対象となるなど、金銭換算しにくい価値が世の中から失われていく状況にも忸怩《じくじ》たる思いを抱いてきた。

こうした感覚は自分の職業経験からくる部分もあるのだろう。

ぼくは大学卒業後、外資系コンサルティング会社に就職し、その後、先輩に引っ張られる形で独立し、ベンチャーキャピタル（ベンチャー企業に投資し、その支援・育成を通じて投資回収を図る投資ファンドの一種）という職種に就いた。

一方、二〇〇八年には自分の生まれ育った西国分寺でクルミドコーヒーというカフェを開業した。そこで、日々ぼくらは何を大事にするのかを自問自答しながら、一人一人のお客さんと向き合い、関係を育て、丁寧な毎日を送る充実感を得てもきた。

ビジネスとスローの間をいくもの。

「ゆっくり、いそげ」。

AかBか、ではなく、どっちも。

クルミドコーヒーを中心としたここ七年の手応えから、それは実現可能なのではないかと思えるようになってきた。そしてそれは、経世済民という語源的な意味に、経済が還っていくことなのではないかと。

これから語る本書の内容、もしかしたらあまりに議論を単純化し過ぎだとご批判をいただくかもしれない。

ただ物事の本質は、突き詰めて考えていくとその原則は案外にシンプルなものからできているのではないかという気もする。個々の議論への反証例が容易に思い浮かぶということもきっとあるだろうが、そうした議論の粗っぽさを受け入れてでも、経済・社会の大きな構図を捉えることに取り組めたらと考えた。

また、ここでの議論はカフェのような業種だから成り立つ、小さな経済の範囲でのものだとのご指摘をいただくかもしれない。

確かにそれも否定できないだろう。実際自分としても、現在の経済・ビジネスを根本から置き換えるものを考えているというより、それを補完し、ときにもう一つの選択肢となり得るようなモデルを思い描き、実践しているという感覚だ。

ただ、それは同時に、「幸福なローカルの一事例」にとどまらない原則としての普遍性、再現可能性をも秘めているように考えてもいるのだが、そこをどうお感じになるか、お読みいただいた方々のご意見をお聞きしてみたいところだ。

いずれにせよ一点、誇りを持って言えることがあるとすれば、それは本書で触れていることはすべて「理論」ではなく、実際にやってみたことであるという点だ。

すべて自分自身が仲間と一緒になって実際に取り組み、結果を受け止め、内省し、言語化を試みた体験談だ。そしてそこから抽出した、未来に向けての仮説である。

そしてここから先も、偉大な理論をつくり上げることに関心を持つのではなく、当事者として「こんなのどうかな」と実際にやってみて、小さな状況を積み重ねることの先に道を残せたらなと考えている。

東京、西国分寺。クルミドコーヒーにようこそ。

ゆっくり、いそげ　カフェからはじめる人を手段化しない経済　目次

第1章

一キロ三〇〇〇円のクルミの向こうにある暮らしを守る方法

第2章

テイクから入るか、ギブから入るか。それが問題だ

第3章

お金だけでない大事なものを大事にする仕組み

第4章

「交換の原則」を変える

Contents

第5章 人を「支援」する組織づくり

第6章 「私」が「私たち」になる

第7章

「時間」は敵か、それとも味方か

第1章

一キロ三〇〇〇円のクルミの向こうにある暮らしを守る方法

クルミの里

一〇月上旬になると、普段のんびりとしたこの地も少しせわしくなる。長野県東御《とうみ》市。日本一のクルミの産地。

まちを車で走ると、ここにもあそこにもクルミの木。大きなものでは高さ二〇メートルにもなる木が枝を伸ばした先には、梅と青りんごの間のような直径七~一〇センチメートルほどの緑の実が鈴なりになっている。

秋になるとこれらの実は完熟し、自然と割れ、見慣れた「種」が奥からその姿をのぞかせる。クルミ収穫の季節だ。

収穫方法はとても原始的。まず竹竿で叩いて実を落とす。落ちた実を一つ一つ拾って外果皮をむいて種を取り出し、かごに放り込む。私たちが普段「殻付きクルミ」として目にしているものは、実はこの「種」。食べているのは種の中身、「仁《じん》」と呼ばれる部分だ。

ぼくが西国分寺でやっているカフェ「クルミドコーヒー」では、テーブル上に殻付きのクルミを置いていて、お客さんはクルミ割り器を使って自由に割って食べてOKということになっている。店内にはいつも、「パキッ、バキッ」という音が響いている。

このクルミは、東御市の農協から直接仕入れさせていただいているもので、収穫の季節になるとぼくらスタッフもその応援に駆けつける。


「小さな頃は、秋になると学校の行き帰り、落ちたクルミを拾ってよく食べたもんさ」

東御市内にあってクルミ栽培の試験場も兼ねた市営の「サンファームとうみ」。ここには様々な品種系統、一五〇本以上のクルミの木が集まっていて、年間七〇〇キロものクルミを生産している。

自然相手の仕事、収穫は一気に進めないといけないから、サンファームとうみにはこの時期、地元のおじさんおばさんも収穫の応援に駆けつける。そこでぼくは「生クルミ」というものがあることを教わった。


「この時期のクルミはまだやわらかくて手で割れるし、渋皮も透明で手でむける。ほれ、食べてみろ」

「あ、しっとりしてる。そして……甘い！　もちろん砂糖の甘さとはちがうけど、クリーミーで、食べているとほんのり甘い。おいしい！」

「これが『生クルミ』さ。産地じゃないと味わえない味よ」

収穫は朝早くから始まるが、その様子はのんびりしたものだ。ときになごやかにおしゃべりしながら、一つ一つ拾って、むいて、かごに入れて……。

この日は、地元のテレビ局が収穫の様子を取材しに来ていた。

「いやーん、わたし、主人に内緒でアルバイトに来てるから、顔が映っちゃうとこまるわー」

と言いつつ、その顔はとってもうれしそうだ。他にも、ぼくらが東京でコーヒー屋をやっていることを話したら、

「実はわたしも、もう何十年も前のことになるけど、東銀座で喫茶店、やってたことがあるのよ」

なんておばさまも。

「その当時は、わたし、ネルドリップで淹れていてね。今はすっかりやらなくなっちゃったけどね」

そう話す間も、手は、体は、止まることなく動き続けている。一つ一つ、拾って、むいて、かごに入れて――。そして一時間半ほどが経過すると、

「サンファームとうみ」にある収穫の風景

「そろそろお茶にしやあな」

「うん、しやあしょ」

長野県は果物王国。サンファームとうみでも、クルミだけでなく様々な果物を栽培している。この日は、採れたてのりんごやぶどうをお茶請けに休憩タイム。

「なになに、東京で喫茶店をやってんの?」

「へえ、くるみとコーヒー、あうんかいねー」

「このみそ漬け、おいしいっしょ」

「手え、まっ黒になるっしょ。むかしはこれで、染め物なんかもやってたらしいけどね」

しばらくのんびりすると、おもむろに作業に復帰。

「今日のテレビ放映、夕方かねえ」

日本の農業を守るには？

　「労働生産性」という言葉がある。労働従事者一人あたりの生産高のこと。東御市のクルミ生産における労働生産性は決して高くはないだろう。

　例えば、世界最大のクルミの産地、米国カリフォルニア州での収穫プロセスはまったく違うものだ。

　栽培地を大規模集約化し、実を落とすのには「ツリーシェイカー」と呼ばれる機械を使う。巨大万力のようなもので木の幹を挟み込み、ぐわっと揺さぶって落とす。落とした実は、巨大掃除機のような機械でぐおっと吸い集める。吸い集められた実はトラックで共同洗果場に運ばれ、洗われ、種（殻付きクルミ）の状態となって出てくる。仕上げに、巨大ドライヤーみたいな乾燥機でぶおっと乾かして、出荷可能な状態となる。

　巨大万力と巨大掃除機と巨大ドライヤー。ぐわっ、ぐおっ、ぶおっ。

　結果として、カリフォルニア産のクルミは、日本国内で手に入れる場合でも一キロあたり一〇〇〇円くらい。かたや国産のクルミは一キロ三〇〇〇円にもなる。彼我の経営効率には歴然たる差がある。

これらの事実から、「だから日本の農業はダメなんだ」「だから日本の農業は国際競争力がないんだ」「だから大規模集約化して、効率化しなきゃだめなんだ」と考えるのも一つの視点だろう。

「日本の農業を守るにはそれしかない」と。

ただぼくには、この過程でどうしても、目的と手段とが入れ替わってしまっているように思えてならない。

ぼくらが秋に東御市で経験する時間はとても豊かで幸福感に満ちたものだ。大きな自然の循環に包まれる安心感と収穫のよろこび、たわいもない会話。そしてそうしたものは、産業としての効率を追求するときすぐに失われてしまいがちな繊細なものでもある。

それでもぼくらが守り、育てるべきは農業なのか？

そのためにはクルミの里にあるような暮らしのありようや風情は、失われてしまってもしょうがないのか？

ぼくには逆に思える。守り、育てるべきは、ぼくらの暮らしであり幸福感。そして経済は本来、そのためにあるのではないかと。

そう言うと、「いやいや、なにを悠長なことを言ってるんだ。もう世界経済はグローバルにつながってるんだ。望むとか、望まないとかじゃなく、それが現実なんだ」と、そんな反論も聞こえてきそうだ。

ぼくは資本主義を基本的にいいものだと思っている。もともと経営コンサルティングやベンチャーキャピタルの仕事をしてきて、成長と効率を求める資本主義の力学がもたらす世の中の革新や活性、便利は確実にあると実感してきた。

ただ、世のすべての経済がグローバル資本主義に一本化されていけばいいかと言うと、ぼくにはそうは思えない。

先のようなおじさまおばさまたちを大型機械に置き換えて、結果、クルミの販売価格を下げられたとしても、その過程で失われてしまう価値もきっとある。

一キロ三〇〇〇円のクルミの向こうにある「新しい経済」

巨大万力VSおじさまおばさま――果たして勝ち目はあるのだろうか。

「いやいや、どんなに暮らしが、おじちゃんおばちゃんがと言っていても、クルミ栽培という事業が市場競争にさらされている以上、そこでの競争力を持たなければ、結局輸入クルミに押し出される形でその業自体が失われていくんだ」

確かにそうなのかもしれない。

自分がここで思うのは、輸入クルミと国産クルミ、同じ土俵で戦わない方策はないものかということだ。

●輸入クルミ…一キロ　一〇〇〇円
●国産クルミ…一キロ　三〇〇〇円

これでは、個人の趣味として購入するような場合や分量であればいいとしても、お店としての継続的な仕入となるとさすがにソロバンが合わない。

そこで、だ。

新しい経済システムとして、「特定多数経済」とでも呼ぶべきものを構想できないかと思うのだ。

グローバル経済が、市場を媒介として、「不特定多数」の参加者間での価値の交換を可能とするシステムであるとするならば、それに対して、同じように市場を媒介としながらも、「特定多数」の参加者間での価値の交換を可能にするようなローカルシステム。

そうすることで、普遍的には必ずしも「価値あるもの」と見なされないようなものでも、「私」と「あなた」といった特定的な関係においては価値として認められるということが起こるのではあるまいか。

例えば今回のクルミ収穫ツアー。

ぼくらクルミドコーヒーは非常に多くの「価値」を受け取っている。

まず、クルミ収穫を体験できること自体が大きな価値だし、顔の見える関係の中から安心してお客さんに提供できるクルミを仕入れられることも大きな価値。おまけに帰り際には、巨峰、ナイアガラ（ぶどうの一種）、プルーンなど、箱いっぱいの果物までおみやげにいただいた。特に産地で食べる果物はおいしい。通常、果物は流通の過程で熟すことを見込んでまだ若いうちに収穫してしまうから、完熟した果物は産地でないと食べられないもの。贅沢なおみやげだ。

クルミドコーヒー ➡ 産地

- **クルミ１キロあたり2000円のお金**
  ＊ご縁が深まり、直接の仕入をさせていただけるようになると、流通コストがかからず、価格が３分の２になる。
- **２日間で収穫のための労働力15人分**
  ＊参加者には給与等は支払わない自主活動のため、金銭的な出費はほとんどない（交通費負担は参加者でシェア）。

産地 ➡ クルミドコーヒー

- **海外産とは比べ物にならないくらいおいしく、安全なクルミ**
- **貴重なクルミの収穫体験**
- **産地だからこそご提供いただける食材（果物等）**
  （もしかしたら、クルミ自社栽培に向けての情報・技術支援も？）

■図１：クルミドコーヒーと産地との〝複数車線〟での交換

一方、先方としても二日間で計一五人ほどもの労働力が得られることは、経済的にも決して小さいことではないだろうし、おみやげにしてくださった果物たちも、――いただいておきながらで、大変失礼な言い方にはなるが――実際のところ、そろそろ季節終わりで廃棄も見えてきている商品であったりもするわけで、なんというかお互いの価値提供に無理がないのだ。

こういう価値のやり取り、いわば「お互いさま」な交換は、特定的な顔の見える関係の中だからこそ成り立つ。

整理するとこうなる（図1）。こうしてみてみると、クルミの売買という〝単車線〟的な価値の交換だけでなく、〝複数車線〟での価値の交換が成り立ってくるのだ。

となると、仮に倍の値段を払ったとしても、ぼくらとしては東御市産のクルミを仕入れることの方が合理的な選択ということにもなる。

クルミの里づくりの努力

東御市のクルミの里おこしも実はまだまだ道半ば。

市内のクルミの生産量はピーク時の10分の1くらいなのだそうだ。一九七〇年代には、年間三三〇トンくらいあった生産量が今は三〇トンくらい（自家消費分を含む）。この間、台風にやられ、後継者不足にやられ、海外産のクルミにやられ、生産量を落とす時期が続いた。

かたや、世の健康志向・安全志向などもあり、国産のクルミ需要は増える一方。日本一の生産地を以てしても、今現在、日本各地から寄せられる注文にはまったくもって応え切れていない状況なのだ。

二〇〇〇年前後からは、改めて「クルミの里」として同地を盛り上げていこうと生産増にも取り組んできている。ただ、そこでの大きな課題が苗木の供給だ。クルミ生産に取り組みたい農家の方は増えているものの苗木の供給が追いつかない。

スムースな生育と品質の安定を図るため、同市では現在、接ぎ木をする形での苗木づくりに取り組んでいるのだが、この「活着《かっちゃく》」が難所なのだそうだ。台木《だいぎ》のオニグルミ／ヒメグルミと、穂木《ほぎ》のシナノグルミが、そう簡単にはくっついてくれない。二月の寒い時期に一本一本手作業で行われる厳しい作業だ。

二〇一二年には一八〇〇本チャレンジし、四〇〇本が活着（二二％）。しかし翌年には手法を改善し、二三〇〇本中一四〇〇本の活着に成功（六一％）。

ようやく光が見えてきた。

この試行錯誤に先頭切って取り組んでこられているのが、元信州大学繊維学部附属農場主事にして、二〇一三年まで日本くるみ会議の会長を務められていた矢嶋征雄先生。

毎年秋、収穫のかたわら、貴重なお話を聞かせていただいている。

「二〇〇六年頃、市内にあったクルミの木はおよそ四五〇〇本。これまでの地道な取り組みが少しずつ実を結びそれが現在は七〇〇〇本ほどに。目標の一万本まで、あと三〇〇〇本というところまでやってきました」

苗木の状態から実を収穫できるようになるまでに五～一〇年ということだから、この本数増が収量増につながってくるのももう間もなくのことだ。

その他にも、収量を増やし、収穫をしやすくするための「カットバック」と呼ばれる毎年の剪定作業や受粉しやすさの改善、遅霜対策など、クルミの里づくりへの努力は日々積み重ねられている。

こうした過程、数多くの人々との関わり合いを経て、殻付きのクルミはお店のテーブルに届いている。ぼくらの払う代金の向こうに、こうした人々の努力を実感できるようになると、二〇〇〇円という値段もまったく高くは感じない。

より複雑な価値のキャッチボール

一般に、不特定多数の、顔の見えない参加者を想定した市場では、複雑な価値の交換は成り立ちにくい。それが「多くの人に、普遍的に認められる価値」である必要があるからだ。

結果、「お金」「金銭的価値」への収斂《しゅうれん》が進む。同じモノなら安ければ安いほどいいという具合だ。

ところがこれが、「私」と「あなた」のような顔の見える関係となれば必ずしもそうではなくなってくる。他の人がなんと言おうと、それが世の中一般に受け入れられている価値ではなかったとしても、「私」がそこに価値を認めるのであれば、「あなた」との間で交換が成り立つ。

例えば、ぼくらのお店のコーヒー一杯の値段は六五〇円。目の前一〇〇メートルのところにあるコーヒーチェーンでは、その三分の一の値段でコーヒーが飲める。そして、そちらの方が駅に近い。

確かにこのように記号化してしまうと少し不思議な感じだ。なぜ人はわざわざ三倍の値段を払ってまで、よりアクセスの悪いコーヒー屋にまで足を運ぶのか。

ただこうした値段を受け止めてもらえるおかげで、実現できていることがたくさんある。こうした値段だからこそ、十勝産の小麦粉を使うことができるし、メニューは冷凍品やレトルト品を使わずに一からお店で調理したものを出すことができる。だからこそお店を保ち、運営し、推進していくチームをつくることができるし、殻付きクルミを「おひとつどうぞ」ともできる。

そしてぼくらは少なくともここまでお店を続けてくることができた。

これらのお店の取り組みが、必ずしも普遍的に「いい」と言われるようなことではなかったとしても、そこに価値を認めてくれる「私」がそれなりの規模ではいてくださったということだ。

別の言い方をするのであれば、「私」と「あなた」——顔の見える関係においての方が、より複雑な価値のキャッチボールができる、そんな風に表現することもできるかもしれない。

二倍の値段のクルミ、三倍の値段のコーヒー。でもその〝反対車線〟では、言葉にはなりにくいかもしれないしましてや金銭換算などできないかもしれないけれど、何かしらの価値は確かにやり取りされているのだ。

「値段がすべてではない」——そうした交換が成り立つようになれば、結果、その値段の向こうにあるクルミの里の収穫方法や、その地にある風景や暮らしの風情をも経済で支えられるようになる。

ただし次に問題になってくるのは、そういうキャッチボールの相手がどれだけいるかということだ。

不特定多数ではないが、特定少数でもない

例えばクルミドコーヒーには、一日におよそ一二〇人のお客さんが訪ねて来てくださっている（二〇一四年現在）。

これは本当にありがたいことで、これくらいの人数になってくると、食材を購入し、スタッフに給料を払い、家賃を払い……としても、お店が経営的に成り立つようになる。これが一日に一〇人のお客さんだったとすると、それはやはり厳しいだろう。経済・経営が成り立つには一定の規模が必要。これは逃れられない原則だ。

つまり「特定少数」ではダメということだ。内輪な関係だけでは経済・経営は成り立たない。

実際、お店に立っていて気が付くことだが、例えば平日四時間のシフトに入ると五〇人くらいのお客さんの対応をすることになる。ただ、その中で顔と名前とが一致する人は一割いるかどうか。お店を訪ねてくださる方のほとんどは、直接的な知り合いではないのだ。「値段が高かったとしても、そこに別種の価値があればいい」――それはそうだとしても、それが知り合いにしか「買って」もらえない価値だとすると、それではきっと経済・経営は成り立たない。

だから「不特定多数」でもなく「特定少数」でもなく、「特定多数」。

一つの事業を支えられるくらいの規模で買い手が存在すること。

そういう意味で「顔の見える関係」とは言っても、それは知り合いだけの閉じた関係ということではなく、もう少し開かれた広がりを想定したものだ。

ただ、それが一足とびに「不特定多数相手に」となってしまうから、価値交換が単純化してしまう。

もう少し複雑な情報のやり取りが可能な、人を通じて、ネットを通じて、直接・間接に声が届く距離にある人たち。そうした層をいかに一定の規模で形成できるか。それが業を成り立たせる前提になる。

そして、提供する価値が、直接の知り合いでなかったとしても買ってもらえるようなものであること。つまり、他者と比較され、競争する環境の中でも選ばれる存在であること。このことも変わらず重要な課題だ。

マーケット・メカニズム——市場を通じた競争。

もちろん行き過ぎは問題だとしても、これはこれで人類の偉大な発明の一つだと思うのだ。健全な競争があるから、いい緊張感の中で工夫や改善が積み重ねられ、価値が磨かれていく。これは「買い手」にとってだけでなく「売り手」にとっても、とても張り合いのある前向きな状況だ。

先のクルミの事例でいえば、ぼくらにとって東御市以外からもクルミを仕入れられる可能性があること、東御市にとってもクルミドコーヒー以外にクルミを卸せる先の可能性があることは、お互いにいい緊張感を生んでいる。

先方は先方で、産地の風情を大事にしつつも、より収量を増やしたり、よりおいしいクルミを目指したり、効率化できる部分は効率化したりと改善を積み重ねている。

そしてぼくらもぼくらで、収穫の応援に駆け付けるだけでなく、お祭りのお手伝いをしたり、広報の一翼を担ったり、クルミの里づくりのためにできることを探し、続けている。

身体性を伴うコミュニケーション

時代は、ＴＰＰ（環太平洋戦略的経済連携協定）をめぐる関税自由化の議論だったり、「成長産業としての農業」だったりと、農業の大型化・機械化・合理化を一層進め、国際競争力を持たせるべしとの論が声大きく聞こえてくる流れだ。

そしてこのことは、少し普遍化していうと「経済は目的なのか、手段なのか」という問題意識につながっていく。

もし経済が目的であるとするならば、前出の農業の方向性は、目的達成に向けて極めて合理的な帰結である。その文脈に立つ限り、反論はなかなか困難だ。

ただ自分が問題提起したいのは、経済とは「手段」ではないのか、ということだ。


人が幸福感をもって日々を生きる、そのために経済がある。

そう考えると、農業の生産性を高めるために他の価値をすべて犠牲にしていいという話にはならない。そしてそう説明されれば、この考え方に賛同する人は決して少なくないようにも思える。

ただ現実に後者の存続が難しいのは、例えばスーパーの同じ棚に、かたや一キロ一〇〇〇円の商品、かたや一キロ三〇〇〇円の商品と並んで置かれてしまう現実があるからだ。

すると、熟慮の末であれば一キロ三〇〇〇円の品を買うという人でも、日常的な買い物の場面ではそれは選ばないということも普通に起こる。

これが「同じ土俵に立ってしまっている」状況だ。


ぼくらもクルミの里に実際に収穫の手伝いに行き、そこで産地づくりのために奮闘する方々の様子を直に見られるからこそ、値段だけでないその価値を実感することができる。

ぼくらにとって他のクルミはもはや比較検討の対象ですらなく、東御市産のクルミがワン・アンド・オンリーの存在であるという感覚にすらなる。

またクルミドコーヒーも物理的なお店があり、そこでお客さんと直接に顔を合わせ、コーヒー単体だけでない空間や接客も含めた価値で届けようとするから、三倍の値段が成り立つのだろう。

つまり、特定多数間での複雑な価値のキャッチボールを成り立たせるためには、多くの場合、身体性を伴う直接で密度の濃いコミュニケーションが必須だということだ。

そう考えると、金銭的な価値に収斂しない価値の保全や育成を実現するためには、カフェを含めた小売業がその鍵を握っているとも言える。

ところが実際には、大手量販店、ショッピングモール、コンビニエンスストア——と、小売業こそ資本集約が進んでいるという現実がある。

そうした中で、いかに「値段だけでない価値」を伝えられる媒体になるか。少し風呂敷を広げるならば、クルミドコーヒーはその難題に取り組んでいるとも言える。

そして、この間の経験から学んだ一つの秘訣は「価値の転換」だ。

「里の風情を守る」「安心・安全の食材」「日本の食糧自給率改善」といったメッセージも、それが直接の体験ではなく文字情報での伝達となってしまうと、受け取る側はどうしても左脳的な、理性的な情報処理となってしまう。それでより高い価値を受け入れられる人は、やはり世の中的には少数派だ。

それよりもむしろ、「おいしいから」「気持ちいいから」「楽しいから」という入口から価値を感じてもらい、その上で「実はこのクルミ、国産なんです」「こんな産地の努力があるんです」といった方が、より多くの人に受け取ってもらえる交換になるのではあるまいか。

カフェとはエンターテイメント業。

モノを売る「点」ではなく、空間で時間を過ごしてもらうという「線」や「面」の接点を持つ業種だからこそ、届けられる価値がある。

特定多数間の複雑な価値のキャッチボールを可能にするための取り組みのヒントが、実はカフェにこそたくさん詰まっているのではないかと思うのだ。

コラム1

特定多数とは何人か？

「特定多数」とは、いったい何人だろうか？

元々ぼくがこの言葉を想起したのは、金融分野での用語からだ。「金融商品取引法」という法律があり、その中での規定では四九人までを「特定少数」と呼ぶ。五〇人を超えると「多数」となるわけだ。

加えて共有したいのは、特定多数といってもそれは閉じた集団をイメージしているわけではないということ。それが何百人にせよ、何千人にせよ、「価値観を共有する一つのグループ」をイメージしているわけではない。

まず、きっと〝円〟はいくつもある。クルミドコーヒーでいえば、飲食店としてのお店に共感してくださる方もいれば、人と人が出会い、その結果人が育つ「場」としてのお店に共感してくださる方もいる。またお店のスタッフに共感してくださる方もいるだろう。

そしてそうした「大事と考えるポイント」は、グループを超えては必ずしも共有されてはいない。

そしてそれらの円は開かれている。出入りが自由で、新しい出会いに積極的だ。さらに円でくくられる境界はあいまいだ。どこからどこまではメンバーで、どこからはメンバーでないというような境目ははっきりしない。そして時と場合によってその境界が伸び縮みしたりさえする。それは組織基盤としてみれば脆弱さでもあるが、それは入口のハードルを下げることであり、関わることの気楽さをつくるものだ。

そうした前提を共有した上で、やや乱暴な推測をするならば、クルミドコーヒーにおいて、現在何かしらの価値の周波数を共有する「特定多数」は、五〇〇〇人ほどではないかと感じている。

年間の来店者数がおよそ四万人であることや、またSNS上でのフォロアーの数などから類推しての数字だ。そしてこの数字が三〇〇〇人を超えた辺りから、経営の収支がようやく合うようになってきた手応えを感じた（スタッフに対しての給与水準等は、まったく十分ではないけれど……）。一つのカフェを支えるには、それくらいの「ファン」を獲得できればいいということか。

第二章に出てくる、お店としての新しい取り組み「クルミド出版」の収支を考えたときも、やはり三〇〇〇人がひとつのキーナンバーとなった。もちろん本のつくり方にもよるが一〇〇〇人に支持されれば初期投資を回収でき、支持者が三〇〇〇人にまだ至れば、本を書いたりつくったりすることが一つの職業になるような収支水準となる。

ちなみに西国分寺を中心として半径一キロメートルの円を描くと、その中にはおよそ三万人の人が住んでいる。物理的な近さが共感度の高さにつながるわけでは必ずしもないが(むしろ逆のことさえある)、少なくとも「日本中の人々」を対象として想定してなくても、大抵の事業はきっと経済的に成り立つ。

そしてお店のように「つくる」ことと「届ける」ことが一体化している業態においては、お客さんと物理的に「顔の見える」関係を築けることが大きな強みだ。クルミド出版においても、主たる軸足は「つくる」ことに置きつつも、自分たちで一冊一冊「届ける」ことにも力を注いできた。結果ぼくらは、かなりの数の読んでくださる方の顔を、具体的に思い浮かべることができる。

本に限らず「つくる」ことに軸足に置いた業態であっても、「届ける」を人任せにしてしまわないことが、特定多数を形成する必須の条件なのではないだろうか。

クルミドコーヒーの円と、クルミド出版の円、そしてその他の取り組みの円。それらがある部分で重なりつつ、相互作用しつつ、どんな特定多数を形成していけるのか、ぼくらの試行錯誤は続く。

第2章

テイクから入るか、ギブから入るか。それが問題だ

クルミドコーヒーでポイントカードをやらない理由

「ポイントカード」といえば、飲食店の販促策としては最も一般的なものの一つだろう。五〇〇円の利用ごとに何ポイント、などと加算され、ポイントをためると店内の飲食代金として使えるというようなもの。

あるいは「ポスティング」という手法もある。自店舗の商圏内の郵便受けという郵便受けに端からチラシを入れ、そのチラシを持ってきたお客さんは割引サービスが受けられる——など。

いずれもお店の認知度向上と、割引を誘因とした来店促進を目指したマーケティング手法だ。

クルミドコーヒーではこうしたことをやっていない。

いや、正確にはかつてポイントカードのようなものをやっていたことがあるものの、この後に記すような気付きに至りやめることにした。それはなぜか。

それはひと言で言うならば、お店に来てくださる方の「消費者的な人格」を刺激したくないと考えたからだ。それとは、「できるだけ少ないコストで、できるだけ多くのものを手に入れようとする」人格。つまりは「おトクな買い物」を求める人間の性向だ。

例えばある日、自宅の郵便受けにチラシが入っている。

〈西国分寺駅前にカフェオープン！　今なら10％オフ！〉

お、いいじゃんいいじゃん。行ってみようか。

コーヒー飲んで、ケーキ食べて一〇〇〇円（本当はもうちょっとかかります……）。クーポンで支払いは九〇〇円。

うん、まずまずじゃないの。また行ってみようかね。

後日また行く。今度はクーポンがないから支払うのは一〇〇〇円。

お、なんだかちょっと高い気がするね。だったらその分、テーブルの上の殻付きクルミ、もらって帰ろうか。だって「おひとつどうぞ」なんでしょ。

また後日〈10％オフ！〉のチラシ。

なんかなあ、今度は15％オフくらいやらないのかね……。

もちろんここまで単純ではないとしても、同じコーヒーとケーキを食べるならできるだけ安く食べたい。もしくは同じ額を支払うのであれば、できるだけ多くのものを手に入れたい。こういう心理は誰しもが持っている。

そしてこのことは合わせ鏡のようにお店の姿勢にも影響を与える。そっちがその気なら、こっちもこっちだ、と。

同じ一〇〇〇円を受け取るのであれば、お店として支払うコストはできるだけ小さくしようとする。ケーキなんて一からお店で焼かなくてもいいし、コーヒー豆だって焙煎後一ヶ月くらいは使ったっていいんじゃないか（今は焙煎後一〇日間で廃棄）。

逆に、同じコストをかけるんだったら一〇〇〇円でも二〇〇〇円でも単価を上げられるよう、ちょっとデコレーションを派手にしたり、「生産者のエピソード」をつけたりして、「盛って」みせる。

つまりお客さんとお店とが、それぞれに自己の利得を最大化させるべく行動選択する交換メカニズムが働く。

もちろんこういったことは経営上の工夫でもあるし、ぼくらもまったくやらないわけでもない。だけれど、こういうことを続けていくと短期的には利益が出たとしても、一つ一つの仕事に時間や手間はかけられなくなり、長い目で見ると「一〇〇〇円」の中身はどんどん空っぽになっていってしまいかねない。

「経済」とはそういうものだという理解も可能だろう。経済学は、自己利益を最大化させようと行動する主体をその前提として置いている。そして実際、そうした緊張感のある「交換／取引」の積み重ねが結果として社会の生産性を高め、ものの値段を安くし、便利や革新をもたらすという説明もそれはそれで理解しているつもりだ。

ただ、社会のすべてが、こうした「交換／取引」で埋め尽くされなくてもいい。

事業の始まりは「テイク」と「ギブ」、どちらからか

人がお店を出す動機ってなんだろうか。チェーン店であれば、会社としての売上目標があり、ここに店を出せば月商〇〇万円くらいは見込めるかな、というような話があるかもしれない。

つまり、出店の動機は〝テイク〟だ。自分たちが何を手に入れようとするか。

ただ、個人のお店だと、そうではないことも多いだろう。

例えば、ぼくがクルミドコーヒーを始めた動機は、そこに暮らす人々が気軽に行き交えるような「まちのお座敷」をつくりたかったから。

仲間とふらっと、家族でふらっと、一人でふらっと立ち寄り、そしてなんとはない会話をして帰っていく。でも間違いなく、みんな来たときよりもいい表情になってお店を出ていく。そんなことを続けていけたなら、きっと西国分寺というまち自体も、今よりもっと気持ちのいいまちに育っていってくれるんじゃないかなと思ったからだ。

きれいごとに聞こえるかもしれないが、個人でお店をやっている人に話を聞けば、大概において似たような答えが返ってくるのではないだろうか。つまり、動機は〝ギブ〟。それにだからといって「儲からなくていい」と言っているわけでもない。

売上を立てられなければ、利益を出せなければお店を続けられなくなるわけだし、あるときは「お金のため」という割り切りであまり望まない仕事に取り組むことだってある。けれど、根本の動機であり目的が、お金ではないということだ。

贈ることを身体で覚える〝マゾ企画〟

クルミドコーヒーで、「くるみ餅」というメニューに取り組んだことがある。お店をつくってくださった「カフエ　マメヒコ」のオーナー、井川啓央さんのすすめもあり、影山オリジナルのおやつメニューを考案すべし、という話になったのだ。

そこで思い出したのが、クルミの里、東御市周辺のエリア各地で食べておいしかった「クルミおはぎ」。それを自分流にアレンジして出すことにした。

あんこ玉とクルミ玉――クルミの甘辛煮をおもちでくるんで、あんこで包んだあんこ玉。煮豆をおもちでくるみ、クラッシュしたクルミをまぶし、特製クルミだれをかけたクルミ玉。

難所は「特製クルミだれ」だ。第一章でも紹介した東御市産のシナノグルミを使い、一個一個殻を割り、同じように一個一個渋皮をむき、すり鉢であたりながら砂糖や醤油とあえる。一食あたりおよそ四個のクルミを使うから、例えば一〇〇食分のくるみ餅を準備するとなれば、計四〇〇個ものクルミを割る必要がある。

……と言いつつクルミを割ること自体はまだいい。割ることそのものが楽しいし、パキッパキッという音も心地いい。やればやるほど殻と実（仁）が山のように盛り上がっていく様子にも手応えがある。

つらいのは渋皮むきだ。ちまちまちまちま……ずっとむき続けるのだが一向に量が増えず、気が遠くなる。うまくむけないとイライラする。なんでこんなことをやっているのかと思う。

すり鉢であたる作業も粒がなくなるまで徹底してやるから結構な重労働。フードプロセッサーを使ってしまいたい誘惑にもかられるが、機械の刃で刻んでしまうのとすりつぶす

〝贈る〟ことを体感するための「くるみ餅」

のとでは、やはり香りの立ち方が違う（気がする）。

実際、なんでこんなことをやるのか。クルミだって最初からむき身のものを買って使えばいいことだ。

それはギブすること、つまり、「贈る」ことを身体的に理解するため。そしてお客さんにも、「贈り物」を受け取る経験をしてもらうため。

クルミドコーヒーでは、年に何回かこうしたことをやっており、チーム内で「マゾ企画」と呼んだりしている。まわりから見るとマゾとしか思えないような大変な役回りを、期間限定ながらスタッフが交代で担うのだ。

もちろん日々の営業でも同じことは実現できるし、むしろ日々の営業こそ大事とも言えるかもしれない。実際毎日毎日、営業開始の三時間前から粉をあわせ種をつくるところからはじめて、ケーキを焼き続けてきていることなどは、ぼくらのお店としての原点であり、基本動作だ。

ただ一方、通常営業と別に、「くるみ餅」のように期間限定で過剰ともいえるような負荷を定期的に背負う経験をすることは、ぼくらのお店の原初的な姿勢が「贈る」ことだと思い出させてくれる貴重な機会でもある。

例えば○周年記念などで、「期間限定10％オフキャンペーン」などとやるお店もきっとあり、これはこれでお店としてはお客さんから受け取るものを減らす形での giving な取り組みなのだと思う。

ただぼくらは、むしろ贈るものを増やす形でのgivingを実現したい。つまりマゾ企画は、ぼくらなりのお客さんへの謝恩企画なのだとも言える。

お客さんの中に眠る「受贈者的な人格」

人はいい「贈り物」を受け取ったとき、「ああ、いいものを受け取っちゃったな。もらったもの以上のもので、なんとかお返ししたいな」と考える人格をも秘めている（と思う）。これは、前に述べた「消費者的な人格」とは真逆の働きをする。自分が手に入れるものより、支払うものの方が大きくなるわけだからだ。これを「受贈者（贈り物を受け取った人）的な人格」と呼ぼう。

面白いのは、世に「消費者的な人」と「受贈者的な人」とがいるわけではないということだ。事はそれほど単純ではなく、きっとあらゆる人の中に両方の人格が存在し、時と状況によってそれぞれが発現するのだ。

だから、問題になるのはお店がお客さんの中に眠るどちらの人格のスイッチを押すかということ。

ポイントカードやポスティングをやるということは、ともすればお客さんの中の「消費者的な人格」スイッチを押すことになる。そして、そうしたお客さんの姿勢ははね返り、お店のありようをも変える。

一方、くるみ餅を作るということは、(それがいい出来のおやつになるという前提で)お客さんの中の「受贈者的な人格」スイッチを押すことにつながるかもしれない。
「ああ、いいものを受け取っちゃったな」と感じてもらえたなら、レジで一〇〇〇円を支払うとき、「ああ、一〇〇〇円なんて価値じゃないな。もっと支払ってもいいのにな」とすら感じてもらえるかもしれない。

となれば、そのお客さんはまたお店に来てくれるかもしれないし、まわりに「いいお店があってね」と紹介してくれるかもしれない。

もしくはお店に返ってこなかったとしても、その「受け取った」ことによる「健全な負債感」は、その人をして帰り道に路上のゴミをも拾わせるかもしれないし、電車ではおばあさんに席を譲る気持ちにさせるかもしれない。

つまり、「いいものを受け取る」ことは、その人を次の「贈り主」にすることなのだ。

「健全な負債感」という言葉に、ドキリとしたり違和感を覚えたりする方もいるかもしれない。確かに通常は「借金」という意味で使われることが多く、「〇〇株式会社が〇〇億円の負債を抱えて倒産」などと、あまりよくないニュースで登場することの多い単語だ。

だがここでいう「負債感」とは、相手との関係の中で「受け取っているものの方が多いな」「返さなきゃな」という気持ちを背負うこと。

しかも、それは必ずしも義務感ということでもなく、本当にいいものを受け取ったとき、感謝の気持ちとともに人の中に自然と芽生える前向きな返礼の感情ともいえる。

どんなお客さんとも「初めて出会う」チャンスは一回しかない。そして、最初の印象は互いの関係に後々にまで大きな影響を及ぼすものだ。

だとするならば、10％オフのクーポンを握ってお店に来てもらうよりは、せめてフラットに出会いたい。そして、ぼくらから「贈り物」を受け取ってもらいたい。ぼくらがポスティングをやってこなかったのは、そうした理由からだ。

テーブル上のクルミとクレーマーのこと

クルミドコーヒー店内のテーブル上の随所にある殻付きクルミ。「おひとつどうぞ。」のタグが示すように、お客さんは自分でこれを割って食べていい。

この「システム」についてはこれまでも多々議論があった。

店内に置かれる殻付きクルミとクルミ割り機（左）

例えば、それではあまりにサービスが過ぎるから、一人何個までなどルールを決めた方がいいのではないか、など。そうでないと店内でどんどん消費されるだけでなく、こっそり鞄に入れて持ち帰るような人も現れるかもしれないと。

実際、前章で触れたようにこれは貴重な東御市産のクルミ。原価に占める割合もバカにはできない大きさだ。

ただ、その意見は採用しなかった。

このクルミがどれくらいのペースで減っていくのかは、きっとぼくらの仕事ぶりをはかるいいバロメーターだ。

つまり、お店としてお客さんの「消費者的な人格」を刺激してしまう状況だと、相手は「同じだけ支払うなら、できるだけ多くを手に入れよう」と考えるから、テーブル上のクルミなど格好の標的だ。

ただ、うまく「受贈者的な人格」を刺激できているとすると、クルミを持ち帰ることはお客さんにとって自身の「負債感」を増やすことにつながるから、そこには一定の歯止めがかかる。実際、単純な値上げをしたり、メニューや接客などの仕事に特段の進化がなかったりするときなどは、卓上のクルミの減るペースも早くなる（気がする）。逆もまたしかり。

だからこれは、ぼくらがどれだけ「贈る」仕事をできているか、そしてそれがどれだけお客さんのところに届いているかをはかる、一つの指標なのだ。

同じ理屈は、お客さんからのクレームについても当てはまる。

お店側のミスや至らなさでお客さんからお叱りを受けることは日々あるが、俗にいう「クレーマー」「モンスター」などといったニュアンスの、少し粘着質で解決困難なクレームを受けることは、幸いなことにほとんどない。

考えるに、「クレーマー」とは人の中にある「消費者的な人格」の一つの行き着く先とは言えないか。

きっかけはお店側の不手際だったとしても、そこに付け込み、時に過分とも思えるような要求を突き付けることでお店からの譲歩（特別扱い）を引き出す。まさに「できるだけ少ないコストで、できるだけ多くのものを手に入れようとする」姿勢だ。

ただ、これも世に「生まれながらのクレーマー」がいるわけではなく、「消費者的な人格」を刺激され、それに応える日々の習慣が結果としてクレーマーをつくるのではなかろうか。

ということは、ここでもまた「逆もまたしかり」。

「贈る」仕事の積み重ねの先にどんなお客さんとの関係が育つのか。そんな未来を自分は見てみたい。

「投げ銭」システムでは広がらなかったコンサート

クルミドコーヒーでは二〇一一年から、「音の葉コンサート」というクラシックコンサートを定期的に開催している。始まった経緯についてはまた第四章で詳しく触れるが、とあるお客さんとのやり取りがきっかけとなっての取り組みだ。

大きなホールではなくカフェのような身近な場所で、プロによる本物の演奏を、至近距離で味わっていただきたい、そんな思いで続けてきている。

実はこの「音の葉コンサート」、開催当初は「投げ銭」システムを採用していた。つまりコンサートへの参加費は最初から決めず、「実際に演奏を聴いてみて、一人ひとりのお気持ちで支払う金額を決めてください」と、お客さんに委《ゆだ》ねたのだ。ちょうど「〝贈る〟ことが大事だよな」と思い始めていた時期でもあったので、「参加費のためにコンサートをやるんじゃない。演奏を楽しんでもらうことが先なんであって、お金は後」と当時、多少なりとも自分の中に力みのようなものがあったことも影響していたと思う。

そして、結果的にはこれが失敗だった。

実際には、参加費がまったくの任意だとお客さんも困るだろうということで、一応の金額の目安として一五〇〇円という額はお伝えすることにした。それより多くてもいいし、少なくてもいいよ、と。

フタを開けてみると、実はほとんどの人が一五〇〇円よりも多く支払ってくれた。もちろん回によって差はあったものの、平均すると毎回おおよそ一人二〇〇〇円ずつ支払ってくれている感じだった。

この結果を受けて、「ほらね」という気持ちも当初あったが、半年ほどしてその失敗に気付く。何が問題だったのか——実はお客さんが増えなかったのだ。

交換を不等価にする

繰り返し開催しても、予約がなかなか定員いっぱいにならない。コンサートの中身自体はとてもいいものになっている感触があるのに、だ。

いいプログラムや作品を提供できるときには通常、お客さんからとても前向きな反応があり、それが提供者サイドの気持ちを高め、それがまたいいプログラムにつながっていくというある種の好循環が生まれていくものなのに、どういうわけかそういう手応えもない。

そこで気付いたのだ。「ああ、毎回毎回〝精算〟されてしまっているのだ」と。

例えば「定価」一五〇〇円のコンサートでいい時間を過ごした後、そこに金額以上の価値をお客さんが感じていれば、それは帰り道の余韻につながり、先ほどの言葉でいえば前向きな「負債感」となって、次回の参加動機や口コミなどへとつながっていくこともある。

ただ毎回そこで、プラス五〇〇円（人によってはそれ以上）を支払ってしまうとすれば、そうした気持ちは都度、精算される。

つまり、お客さんはお店に対して「負債ゼロ」という状態だ。それではお客さんの、次へと「贈る気持ち」は呼び起こされない。

交換を「等価」にしてしまってはダメなのだ。

「不等価」な交換だからこそ、より多くを受け取ったと感じる側（両方がそうと感じる場合もきっとある）が、その負債感を解消すべく次なる「贈る」行為への動機を抱く。

だから、お店が定価以上のいい仕事を続けていけばお客さんは増えていくし、それは提供者サイドにとっての手応えともなり、お店に前向きなムードをつくる。

そして、こうしたお客さんの側への「健全な負債感」の集積こそが、財務諸表にのることのない「看板」の価値になる。

そこで、コンサートの参加費の設定を定額にすることにした。

以来、「音の葉コンサート」は順調な成長を遂げてきた。現在では、クルミドコーヒー店内だけでも月に三回レギュラー開催しているほか、主催者の方のご自宅や市内の絵本屋さんでの開催を含め、月に七回ものコンサートが定常開催され、より回数が増えていきそうな勢いですらある。

それもこれも、開始して半年が経った時点での、あの料金システムの変更が功を奏している面は確かにあるだろうと思うのだ。

日本にチップが普及しない理由

交換を不等価にすることで次なる交換を呼び込み、交換を継続させる。

日本でホテルや飲食店を利用する際にチップを支払う習慣がないのは、実はそうした関係を継続させるという隠れた知恵なのではないかと思う。

アメリカやヨーロッパなど、広大な国土／大陸の中で人々がときに移動しながら社会をつくっていく環境の場合、「次、いつ会えるか分からない」状況があるからこそ、一回一回の交換でどちらかが負債を負うことなくきちんと精算していくことへのインセンティブはより強いだろう。そういう意味でチップを払う。

それは「自分は負債を負ってないよ」という関係性の証明だ。

それと比較して日本の場合、限られた国土の中、同じ顔ぶれの中で長期間にわたって関係を構築していく度合いがより強いとすると、むしろ交換をいかに途絶えさせないかという方向での知恵こそが求められる。

その一つが交換を不等価にするという方法だ。広げて言えば、ときに形式的すぎると批判されることさえあるお中元やお歳暮も、そうした社会的要請を背景として続く一つの慣習なのかもしれない。

経済はどうして成長するのか

かつてお店に古橋君というスタッフがいた。あるとき彼が電車の中で、嬉々として話しかけてきた。


「影山さん、経済ってどうして成長するのか、ぼく分かりましたよ」

「う、うん。まあ聞かせてもらおうか」

「ぼくが影山さんに何か贈り物をするとするじゃないですか。で、影山さんがそれをいいなあと思うとしますよね。そうしたら贈られたものよりも、もっといいものを何か返さなきゃな、返したいなと思うことってきっとあるでしょう」

「うん、そうかもしれんね」

「で、そのお返しをぼくが受け取ったら、今度はまたぼくが『また、もっといいものでお返しをしなきゃ』って思うじゃないですか。これを続けていったら経済ってどんどん成長していくと思うんですよね」

経済の現状を説明するという意味では、この古橋君の理解はきっと間違いだ。

既存の経済を成長させているのは、例えば上場企業の株主が、今年よりも来年、来年よりも再来年——と、継続的な売上・利益の成長を経営者に求めるような金融的な力学、さらにはそれを可能とする技術革新によるという説明の方が、きっとより適切だろう。

では、この「古橋説」はまったくもってなんら的も射ていないのか？

ぼくにはそうも思えない。

誰かの「贈る」仕事が、受け手の次なる「贈る」気持ちを呼び起こす。そしてそれはまたその次の受け手へとつながっていく。こうした「贈る」仕事の連鎖が続いていけば、お店をめぐる交換の総量は大きくなっていくだろう。そしてそうした過程で、少なくともお店の売上自体が大きくなっていったとしても不思議ではない。

「古橋説」の真偽、これからのお店の行く末で確かめていきたい。

コラム2

贈与論と自由

「ギブ（贈与）から始まる交換」は、何も自分が言い出したことではない。フランスの社会学者・文化人類学者マルセル・モースが『贈与論』を著したのは一九二四年。彼は未開社会や古代社会を題材として、物々交換などの経済取引に限らず、部族間の儀礼、軍事活動、婚姻、祭礼といったあらゆる社会文化活動が、「贈与」とそれへの「反対給付」という形での「交換」によって成り立っている様を同書によって描き出した。そしてそれは現代においても人間社会の基底をなすメカニズムであると。

〝われわれは、このような道徳と経済が今もなお、いわば隠れた形でわれわれの社会の中で機能していることを示すつもりである。また、われわれの社会がその上に築かれている人類の岩盤の一つがそこに発見されたように思われる。それらによって、現代の法と経済の危機が生む問題に関するいくつかの道徳上の結論を引き出すことが出来るだろう。〟

ここで「道徳」という用語が用いられていることも印象的だ。

時は第一次世界大戦後。そして世界恐慌前夜。フランスは戦勝国であったとはいえ、数年後破たんへと向かう世界経済の空気を、モースも感じ取っていたのだろうか。

モースは同書中、社会を成り立たせる三つの義務について言及している。

〝全体的給付は、受け取った贈り物にお返しをする義務を含んでいるだけでなく、一方で贈り物を与える義務と他方で贈り物を受け取る義務という二つの重要な義務を想定している。〟

「贈ること」「受けること」「返すこと」は、人間社会に埋め込まれた「せねばならないもの」「当然するべきもの」としてあらゆる断片に現象化していると言うのだ。それはある意味、望むとか望まないとかいった「自由意思」とは別次元でのこととして。そしてそのメカニズムが作動することで、人間社会は人間社会たりえてきたのだと。

以来一〇〇年近くが経った。この一〇〇年という時代を主導し、ぼくらが獲得を目指してきた価値観は「自由」ではなかっただろうか。

「私のことは、私が決められる」という規範。

実際ぼくらがお店をやりコーヒーを提供することは義務ではない。またお客さんがお店を訪れコーヒーを飲むことも義務ではないだろう。それぞれの自由意思に基づいて、一つの経済的な交換が行われているように見える。

ただそれが自身の利得を動機とした交換（テイクの動機に基づいた交換）であるとすると、社会から「贈与」が失われる。それが、ぼくらがこの一〇〇年で獲得してきた取引の様態であるとも言えるだろう。

だがぼくらは、ぼくらの社会を成り立たしめてきた基底のメカニズムから、そう簡単に自由になれるのだろうか。

モースの「贈与論」と、現代社会の「自由」。

そのミクスチュアにこそ、これからの経済社会の持続可能な形が見えてくると自分は考えている。

第3章

お金だけでない大事なものを大事にする仕組み

「利子はコーヒーで払います」

お店をつくるとき、その資金をどうやって集めるかは大きな問題だ。クルミドコーヒーでも二〇〇八年の開業時、一つの試行として「クルミド債」というものを発行した。

これは「少人数私募債」と言われるもので社債の一種。ぼくらの場合は一口五万円で、一〇人の方から計一二〇万円のお金を出していただいた。

ポイントは「利子」をコーヒーで払うこと。

一口出資してくださった方には、定期的にコーヒーギフト（コーヒー豆など）をお送りする。二口以上出資してくださった方には「クルミドコイン」というものをお渡しして、これをお店に持ってきてくださればコーヒー一杯無料とした。

お店の裏側を少し明かしてしまうようだが、コーヒーの原価はそれほど大きなものではないから、利子を現金で払うよりお店の負担が少なくなるのではという計算もあった（実際には包装や発送のコスト／労力を考えるとそうでもなかったのだが……）。

またコーヒー一杯無料でも、それが来店動機につながり、合わせて軽食やケーキを注文してもらえれば十分元は取れるとの読みもあった。

お金を出してくれたのは近くに住む方や昔からの友人、自分の親族など親しい方ばかり。これが「不特定多数」とのやり取りであったなら、「自分はコーヒーは嫌い」「遠いからお店まで行けない」などの事情が多々発生し、「じゃあ利子は、みんなにとって都合のいい『お金』で」となっていたかもしれない。その方が普遍的に価値を持つものだからだ。

でも今回のように「顔の見える関係」（特にこのケースは「特定多数」ですらなく、さらにせばめた「特定少数」）でのやり取りとなれば、もう少し複雑な価値のキャッチボールが可能になる。この一〇人との関係においては、「コーヒー」は十分に価値として認識されたということだ。

ただ反省もある。

第二章で触れた内容との関係で言えば、このやり取りは動機がテイクから始まってしまっているとも言える。

お金を出す側は、お金を出すことで得られるもの（今回で言えばコーヒー）を動機とし、お金を受け取る側も、同じお金を受け取るのだったら、それに対して支払うコストや労力はできるだけ小さいものにしようとする意識に向かう構図となってしまっている。

そうすると悪くすれば出資者はあれもこれもと要求型になり、「手に入れるもの」をより大きくするべく振る舞っていたかもしれず、ぼくらはぼくらでそれに防御的に反応していてもおかしくなかった。

実際の一〇人との関係においては、みな純粋な応援の気持ちから出資をしてくださっており、そういう事態とはならなかったが、問題はそういう意識が働いてしまってもおかしくないシステムの設計になっていたということだ。

個々人の自覚みたいなものとは別のところで、である。

ファンからの応援でCDをつくる

そもそも人が銀行にお金を預ける理由とはなんだろうか。

それには振込など決済の利便性という面もあるだろうが、一つの理由はきっと「利子がつくから」だ。また、人が株を買う理由は「配当や値上がり益を期待して」。

つまり、世のこうしたお金のやり取り（金融取引）では、そのほとんどがテイクを動機としている。

となるとお金を預かる方も預かる方で、合わせ鏡のように振る舞うことになる。同じお金を受け取るなら、やり取りにかかるコスト／労力をできるだけ極小化しようとする。結果、「窓口よりATMへ。ATMよりネットへ」と推奨することになる。

しかし、そうではないお金のやり取りの可能性を教えられる重要な体験機会があった。「セキュリテ被災地応援ファンド」だ。

自分はクルミドコーヒーを始める前、ベンチャーキャピタルという仕事をやっていた。そこでは投資家からお金を預かり、将来有望そうなベンチャー企業を発掘し投資する。その後、五～一〇年という単位で経営のサポートを行い、投資先の中から大きく成長する企業が出てくれば投資家にもお金を増やして返すことができるようになる。

あまり世間的なイメージはよくないかもしれないが、「投資ファンド」の一種で、可能性に投資し、未来の優良企業を育てるとてもやりがいのある仕事だ。

そうした投資先の中に、ミュージックセキュリティーズという会社があった。

これは今では「クラウドファンディング」という言葉でずいぶんと知られるようになっ

てきたが、多くの人から少しずつのお金を集め、事業者やアーティストの挑戦を資金的に応援する仕組みの先駆けとなった会社だ。特に同社のように「出資型」でファンドを組成できる事業者は他になく、二〇〇〇年の創業以来独特の存在感を発し続けている。

創業時の事業は、社名にも表れているように「音楽ファンド」。アーティスト／ミュージシャンのCD制作費を一口五万円などファンの方々に出してもらい、CDの売れ行きに応じて配当を戻すという仕組みだった。

したがって当然、返ってくるお金は五万円より大きくなることもあるし、小さくなることもある。ただそれでも、自分の応援するアーティストがCDをリリースすることに貢献できる満足感や、制作されたCDのジャケットに自分の名前が掲載されることの嬉しさなども含めていえば、十分そのリスクは負ってもらえるのではないかと始めた事業だ。

特定のアーティストのCDが世に出ることや、そのCDのジャケットに名前が掲載されることは、世の中一般に流通しうる価値ではないかもしれないが、特定の人々にとっては、ある意味金銭以上の価値を持ちうる出来事なのだ。

同社はその後、音楽・エンターテイメント分野以外にも、「純米酒をつくる酒蔵を応援するファンド」「日本の林業を応援するファンド」「発展途上国の貧困削減を目指すファンド」など同種の仕組みを様々な分野に応用し、これまでに三五〇本を超えるファンドを組成。国内外の二三〇を超える「事業者」の挑戦するための資金調達を支援してきた（二〇一五年二月現在）。二〇〇八年には第二種金融商品取引業者としての登録もしている。

そんなミュージックセキュリティーズが二〇一一年、東日本大震災を受けて取り組んだのが、「セキュリテ被災地応援ファンド」だった。

「期待利回りマイナス五〇%」の金融商品

震災によって多くのものを失った東北の水産業者、酒蔵、醤油屋、食品会社……。廃業を選択してもおかしくない過酷な状況となりながらも、それでも前を向き、事業の再建、地域の復興を目指そうとする彼らの姿勢に心打たれ、始まったのが「被災地応援ファンド」だった。

このファンドでは、一口の金額が一〇〇〇〇円（他に手数料が五〇〇円）。うち半分の五〇〇〇円は「応援金」として事業者に寄付される。残りの五〇〇〇円は「出資金」となり、投資した事業の進捗に応じて五～一〇年にわたって戻る額が決まるという「半分寄付、半分出資」の仕組みだった。

「被災地応援ファンド」でつながる人々

事業者の多くが事務所を失い、工場を失い、銀行借入は残り……という苦境のさ中にあったからこそ、そうしたマイナス部分を埋める原資としても、この「半分寄付」が必要だったのだ。

同年四月二五日の募集開始以来、計三八社の被災地事業者を応援すべく二九〇〇〇人以上もの人から出資が集まり、一〇億八〇〇〇万円を超える資金を被災地へと届けることができた。

このファンドをお金を出す側からの視点で見れば、「期待利回りマイナス五〇%」ということになる。なにせ出したお金の半分は当初から返ってこない前提なのだから。残りの半分にしても厳しい事業環境下、額面通りに戻ってくるかどうかは予断を許さない。

つまり「お金を増やしたい」「資金運用」という〝テイク〟の動機からでは決して選ばれることのない金融商品なわけだ。

それでもこれだけの金額が動いたのは、〝ギブ〟の動機、応援する気持ちからに他ならない。

またこうしたファンドでは特に、お金の出し手（投資家）とお金の受け手（事業者）が説明会などの場で直接顔を合わせ、話をすることで、出資への思いが高まっていく様子に立ち会ってきた。

互いが顔の見える関係となることで、事業者の再建が投資家にとっても他人事でなくなり、その実現は金銭的価値を補完するような、一つの価値（うれしいこと）になっていくのだろう。

この被災地応援ファンドでは金融取引ながら、「ギブから始める」「特定多数（顔の見える関係）」を地でいくやり取りが実現していたのだ。

出資に基づく関係性の可能性

もちろん震災後には「寄付」も多数なされ、その金額は総額四四〇〇億円にもなったことが話題になった。これも〝ギブ〟の気持ちから動いたお金だ。

ただこれらの多くは日本赤十字社等を通じた間接的なお金の流れであり、自分の寄付したお金が誰にどう届いたかまでは捕捉できない「顔の見えない関係」となってしまっていた。

また寄付の場合、それが特定の事業者に対してのものであるケースでは、金額が一〇〇〇万円を超えるようなことはなかなかない。

それと比較して、多くて一億円という単位のお金を特定の事業者に届けることができたのは、被災地応援ファンドが金融商品としての建付けを持っていたからこそという側面があったと思う。

そしてこの「半分寄付、半分出資」による関係性は、その後にとても前向きな波及効果をも呼んでいる。

出資をきっかけにギブの気持ちにスイッチの入った投資家は、その後もお金にとどまらないその事業者の応援団となった。時にはツアーで現地を訪ねて状況を伝えるレポーターとなったり、都心での催事があれば販売応援に入ったり、チラシのデザインを請け負ったりと、「汗をかく」貢献にまで至るケースが続いた。

一方、そうしたギブを受け取った事業者も、単なるお金以上のものを受け取っていることを実感し、事業に取り組む上での大きなエネルギー源となる。

また、そのようなお金だからこそ「きっと受け取った以上の額にして返す」という、いい意味での緊張感や使命感にまでつながっている様子だった。

そしてこれが寄付ではなく出資だからこそ、こうした双方向の関係が一時で終わらず、五〜一〇年にわたっての継続的なものとなる。

金融が持つ力

ややカフェから話は離れるが、もう少し金融についての検討を深めてみよう。自分のこれまでの金融の世界での経験値は、クルミドコーヒーを通して経済を見る際の視点に大きな影響を及ぼしている。

逆に言えば、経済を考える上で金融のことを考えないわけにはいかない。それくらい、金融が社会にもたらす影響力は大きいのだ。

まずは、かつてのベンチャーキャピタリストとしての仕事での一コマ。


「えー、それでは、今期の事業計画を検討したいと思います」

とある新興企業の、年度当初の経営会議。社長あいさつ。

「みんなも理解してくれていると思うが、当社を取り巻く環境の厳しさは変わらない。あー、ただ昨年は、大きな手ごたえもあったな。うー、どうだろう、この流れの中で、今年はなんとか売上五億の大台突破を目指したいと思うのだが」

母音が印象的な社長だ。

「ここまでの実績を足がかりとすれば、十分達成可能な数字と思う。いな、昨期の予算が未達に終わった今、今期のこの数字はなんとしても達成しなければいけない一線だ。必達目標だ！」

必達目標だ！

「ついては各部門、知恵を出し、計画を立てて欲しい。あ、月次へのブレイクダウンもお願いね」

当時、おそらく一〇〇を超える創業の過程に直接・間接に立ち会ってきた経験からして、「〇億円の売上達成」をそもそもの創業理念にする起業家は多くはない。

「この技術が現実のものとなれば、世の中がもっと便利になる」「このビジネスモデルで、〇〇な人たちを応援しよう」など、利他的な背景から出発することも多い。

また、「いっちょ、自分の才能や技術やアイデアを世に試してみたい」「自分を証明してみせたい」「この分野、面白そうだ！」といった動機も含めていえば、「お金儲け」が創業の主たる動機であることの方が、むしろ珍しいくらいだ。

もちろん本音と建前ということはあろうが、ベンチャー企業の創業時、ピュアな思いがその背中を押しているということはきっと多い。

ただその後、何年かが経過した頃からか、前述のような経営会議に立ち会うことが増えるようになる。

一つの理由は資金繰りだ。目標数値を達成できなければ給料を払えない、銀行にお金を返済できない、事業を続けられない。毎日のように預金通帳をながめ、残高を見てはため息をつくベンチャー社長の気持ちは自分もよく分かる。

そうなると、何はともあれお金だ。きれいごとは言っていられないという話になる。

そして、もう一つの理由は利害関係者が増えることだ。

銀行からお金を借り、ベンチャーキャピタルから出資を受け、そうした面々が経営会議にまで参画するようになってくると、「予算の達成」、「売上・利益の成長」は至上命題として突き付けられるようになる。特にベンチャーキャピタルのお金にはほとんどの場合「期限」がついている（償還期限と呼ばれる）。それだけにできるだけ早いペースで事業の成長を実現したい。できれば計画達成を前倒しするくらいの勢いで。いわんや計画の未達などは許されない！　という雰囲気になっていくのだ。

事ここに及ぶと、物事の優先順位が少し変わってくる。当初は、成果指標の一つであり、事業継続の手段であったところの売上・利益が、気が付くと目的であり目標になってきてしまうのだ。

お金の出し手としての自分もそれを促進してきた。

「約束」の数珠つなぎ

ベンチャー企業の経営において、AとBという二つの道が見えていたとする。

Aの道は、自分たちの創業の理念に忠実な取り組みで、メンバーもワクワクしている。ただし残念ながらあまり儲かりそうにはない。

Bの道は、非常に儲かりそうな道ではあるが、自分たちの気持ちには嘘をつかなければいけなさそうで、あまりワクワクはしない。

自分がこの会社に投資をしていたとしたらどうするか。自分個人としてはAを後押ししたい気持ちはある。きっと道は開けるよと。お金はきっと後からついてくると。

ただ一方、職業人としての自分がどうするかということになるとBを推さざるを得ない。なぜなら自分は投資ファンドの運営者の一人として、投資家と「お金を増やして返します」という約束をしているからだ。

その約束に忠実に職業上の役割をまっとうしようと思えばBの道を選ばざるを得ないのだ（実際には「第三の道」があるなど、物事ここまで単純でないことは多いが、ここではあえてシンプルなモデルとして話を進める）。

では、我々にお金を預けている投資家はどうか。

それは銀行などの金融機関だったり、事業会社の投資開発部だったりする。それぞれ担当者個人はいろんな思いでその仕事にあたっている。ただ彼らも最終的な職業上の使命は

「高い運用利回りを実現する」ことにある。なぜなら彼らも、たどっていけば銀行なら預金者との、事業会社なら株主との約束があるからだ。売上や利益を成長させ、託されたお金を増やして返しますという。

ここで不思議な現象が起こる。

ベンチャー企業の経営者も、ベンチャーキャピタリストの自分も、投資元企業の担当者も、そして実は投資元企業の経営者だって、一人として「個人としてはそのことを必ずしも強烈に望んでいるわけではない」のに、気がつくと誰もが「売上・利益の成長」に向けて働くことになっていくのだ。

では、さかのぼっていった先の預金者や株主が、明示的にそう仕向けているのかというと、実際にはそうでもなかったりする。「お金が増えるのと、そうでないのとだったらどっちがいいですか？」と聞かれれば、よほどのことがない限りほとんどの人は前者がいいと答えはするだろう。

でもそれは、それ以外の選択肢が提示されていないからだ。他の道の可能性、他の価値に貢献できる可能性に意識が向けられることがあるのなら、違う選択をすることだってあり得るだろうに。

ところが実際にはそうしたことはほとんどないまま、「なんとはなし」に大量のお金がこのメカニズムに注がれていく。

ここに「お金を増やすべし」という約束の数珠《じゅず》つなぎが成立する。

そこに関わる人々の多くが、「個人としては」必ずしもそれを、他の価値を押しのけてまで求めているわけではなかったとしても、だ。

つまり、ベンチャー企業をBの選択肢へと駆り立てるものは何なのか？　と聞かれるなら、こう答えるしかない——「それはシステムがそうさせるのだ」と。

世界中でコカ・コーラが飲めるのはなぜなのか

システムがもたらす力学。

例えばコカ・コーラが世界中で飲めるのはなぜなのか？

それは「同社が、世界中にコカ・コーラを広めたいと思ったからだ」と答えるのも一つの方法だろう。実際そう考えた社員もそれなりにいただろう。

ただ、もう一つの答え方として「資本主義のメカニズムがそうさせた」と答える方法もある。

つまり株式市場に上場し、株主との関係で前年よりさらなる売上・利益の成長を求められる会社にしてみれば、アメリカ中にコカ・コーラが行き渡り、みなこれ以上は飲めないとなったとき（人間の胃袋にも限界がある）、海外市場へとその成長余地を求めることはほとんど不可避の選択となる。——日本へ。日本が飽和したなら、次は東南アジアへ、と。


資本主義も一つのシステム（仕組み）だ。

システムとは、ルール／約束事の集合体。

資本主義の場合、個人は自身の経済的利得を最大化するべく振る舞うことが想定される。株式会社をつくるのもその一つの手段だ。会社で生産された財は市場を通じて取引され、需要と供給のバランスで価格が決定される。また会社の資金調達のためには、株式資本市場（証券取引所）というものが形成され……。


専門的な話はともかくとしても、システムを形成する際には多くの場合「期待される成果」や「目的」が設定される。

資本主義の場合のそれは、個人の経済的利得の最大化と、システム全体として生み出す経済的価値の最大化だ。

そしてそのシステムへの参加者は、システムが期待する「成果」を生み出す方向へと行動を駆り立てられる。その方向付けの力のことを、ここではシステムの「力学」と呼んでいる。

重要なのは、その過程では個々人の意思や主観は、副次的なところに追いやられるということだ。

コカ・コーラ社の経営陣が仮に「個人としては」この飲料を世界に広めたいと思ってはいなかったとしても、さらにことによっては広めたくないとさえ思っていたとしても、結果はおそらく変わらない。

世界中にコカ・コーラを広めるのは、誰か特定の個人の意思ではなく、それは強大な力で迫ってくるシステム上の要請だからだ。

駅前がチェーン店ばかりになる理由

システムの力学が想像できるようになると、都心の駅前がどこもかしこもチェーン店で埋め尽くされていく状況もその理屈で理解ができる。

例えば西国分寺の駅前（駅ナカ）も、クルミドコーヒーより駅に近い範囲だけでも、タリーズコーヒー、ミスター・ドーナツ、ロッテリア、サンジェルマン、エ・プロント、ドトールコーヒー――と、カフェ的なスペースに限ってもこれだけある。

そうした状況が出現するメカニズムはこうだ。

例えば再開発などで出店可能な床（敷地）ができたとする。この物件の貸主が個人だとしたら、その個人の意思やこだわりで「こんなお店を」「こんな使い方を」と貫き通すこともできるかもしれない。場合によっては採算度外視なんてことさえあるかもしれない。ただ多くの場合（再開発の場合などは特に）、貸主は組織化され、複数の人が関わる状況となっている。すると途端に話は難しくなる。「こんな開発をしよう」というゴールイメージの合意形成が難しいのだ。議論をしてもまとまらない。

となると、みなが納得する選択肢として「収益の最大化」がプロジェクトの落としどころとなる。

「エコ、ですよね。ええええ、いいですね。緑をいっぱい植えましょう。一画には小さな公園だってつくれますよ。こどもたちが遊べる公園を」

「そうそう、コミュニティスペースですよね。地域の人が集まれる多目的スペースをつくれるといいですね。これがあればちょっとした展覧会だってできますしね」

実現されるのはせいぜいこれくらいだ。

床（敷地）を使って「収益を最大化」させようと思えば、当然最も高い家賃を払ってくれるテナントを入れることになる。そうした市場原理の下で、個店がチェーン店に比べてより高い家賃を提示できることはまずない（それが立地条件のいい床であればあるほど）。もしくはそれをできたとしても、「その家賃を払い続けられるのか」とリスクの話になると、「やはり資本力のある大手の方が安心」ということになる。

すると、どこの駅前も同じ店、同じテナント、同じ景観になっていく。

そして重要なのはこの過程において、改めて、「個人として」そういう駅前にしたいと思っている関係者はほとんどいないということだ。

個人として「チェーン店ばかりの駅前」と「個性あるお店の連なる駅前」、どっちがいいですか、と聞かれたら、ほとんどの人は後者と答えるのではなかろうか。「いやあ、そりゃあ選べるんだったら後者でしょう」と。

ただそのちょっとした望みも、「収益の最大化」「リスクマネジメント」といったシステムの要請の下では、多くの場合現実化しない。

結果、誰もそう望んでいないのに、むしろ誰しもできることならそうしたくないとさえ思っているのに、どこの駅前も同じようなチェーン店で埋め尽くされるという現象が出現する。

大事なものは、お金だけなのか？

「売上・利益の成長」をみなで目指すという社会の方向付けは、「世の生産量を増やす」という目的にはかなったシステムデザインだった。

人々が物質的に充足していない、需要の割に供給が足りないという社会環境下であれば、去年より今年の生産を増やすことに誘因が働くシステムとなっていると確かにいい。

そしてGDPの成長が、そのまま社会の豊かさだった。

だが、それも来るところまで来ると、「もういいんじゃない?」という話になる。

社会全体としての生産量を増やすこと、経済的／金銭的価値を高めること（GDPの単位は「円」だ）、それもそれで大事なことの一つではあるけれど、「でも、それだけってわけでもないよね?」と。

ＧＤＰの大きさだけでは、社会の豊かさは測れないのではないかと。

でも、今の資本主義というシステムは多元的な価値を扱うことが苦手だ。


「特定のアーティストがＣＤを出せるようになること」

「被災地の事業者が再建できること」

「純米酒をつくる蔵が守られること」

「日本の森がきちんと手入れされ、未来につなげられること」


これらはそれぞれに「大事だ」という人がいる一方で、「別に大事じゃない」という人もいるような価値だ。これらを大事にしていくのは、社会全体の総意だというには少し無理がある。


けれども、世の中のシステムはより大きなものに収斂していこうとしている。

例えば株式資本市場（証券取引所）は、一八七八年の「東京株式取引所」を皮切りに、戦前には日本各地におよそ二〇〇もの数が存在した。戦時を経てそれらは地方都市を拠点とする八市場に集約され、やがて東京と大阪の二大取引所へ。

そして二〇一三年には大阪証券取引所の大部分（現物市場）は東京証券取引所へと統合

され、現在は証券取引のほとんどは東京証券取引所へと一本化されている。さらに今後に向けては、海外市場との連携・統合の話題さえ取り沙汰される状況だ。

これらはあくまで一例だが、生産や取引の効率を極限まで高めようと思えば、より大きなものへと統合し、「規模の経済」を働かせようとするのが論理的な帰結だ。

そうして「大きなシステム」が形成されるその過程で、「特定の人にとっては大事だけれど、普遍化しにくい」ような価値は取引の対象ではなくなり、その居場所をなくしていく。

繰り返しになるが、ぼくは、ＧＤＰが安定的に成長していくことは大事な価値の一つだと考えている。

ここで提起したいのは、「大事なものはそれだけではないのではないか」ということ。目指したいのは、多元的な価値が尊重され実現される社会をつくることだ。

「特定多数」の個人が直接にやり取りすること

多元的な価値を取り扱うシステムデザインのヒントが、ミュージックセキュリティーズでの取り組みに隠されている。ポイントは「特定多数」「個人」「直接」だ。

まず、不特定多数ではなく特定多数の参加者を想定する。

そうすることで、金銭換算しにくいようなものも含めて「特定の人々にとって大事な価値」を取り扱えるようになる。

ミュージックセキュリティーズのファンド一つの平均的な参加者数は一〇〇〜三〇〇人ほど。その特定の人々にとっては、「純米酒をつくる蔵が守られること」や「日本の森がきちんと手入れされ未来につなげられること」は金銭同等か、場合によってはそれ以上の価値を持つ。

例えば、一〇〇のお金を出し、返ってくるお金が仮に七〇だったとしても、その過程で実現される価値が、金銭的な「損」を上回るくらいに投資家にとって大事なことなのであれば、お金を出すことは合理的な選択であり続ける。

また参加者が「個人」として参加していることも重要だろう。

「組織」としての参加となると、その組織内部の合意形成という問題が出てくる。そうすると「なぜその価値が大事なのか」という判断についての説明を求められるようになる。

そうなると「客観的に説明可能な」価値は支えられるかもしれないが、そうでないものは難しくなる。それが個人としての参加であることで、「よく分からないけど大事な気がする」「自分はそれが好き！」といった直感的・主観的な行動選択も可能となる。

そして、そうした価値のキャッチボールが「直接」に行われる点もポイントだろう。

例えば、銀行は「間接金融」と呼ばれる。ぼくらの預金は一旦、銀行という中間組織にプールされ、その中間組織によって運用される。自分のやっていたベンチャーファンドもそうだった。

こうした間接金融の場合、運用方針のすり合わせの問題が生じ、個々のお金の出し手の細やかな意思が一つひとつの投資運用に反映されるとは言いがたい。

その点、「直接金融」はシンプルだ。お金の出し手が直接にどこに投資するかを選び、その後のコミュニケーションの当事者にもなることで、互いが「大事にしたいこと」というような微妙なニュアンスの交換も可能になる。

現状、ミュージックセキュリティーズが取り扱うお金の額は、東京証券取引所でやり取りされる金額と比べれば比較にならないくらい小さい。

ただ今後、同社以外の事業者の登場も含めて、「大きなシステム」を補完する「小さなシステム」が成長することで、経済的／金銭的な価値にとどまらない価値を支え、育てていく一つのインフラとなっていくこともあり得るのではないだろうか。

クルミドコーヒーファンドをつくるとしたら

ぼくらが二つ目のお店をつくるときがきたら、自分もミュージックセキュリティーズのような仕組みを活用できたらと思っている。

クルミドコーヒーのようなお店が、ないよりもあった方がいいと思ってくださる方。そうした方からの「贈る」「応援する」気持ちのこもったお金を受け取り、お店をつくる。「ありがたい」という健全な負債感をエネルギー源としてお店を経営する。

お返しするのは、まず何より「約束に違わないお店」としてぼくらが日々在ることだろう。そして、特定多数の応援コミュニティに支えられたお店は経済的にも成長し、数年後、結果的に預かった以上のお金でお返しをできるようになるかもしれない。

「金融」というと、どうしても堅く、近づきがたいイメージを持たれてしまいがちだが、実はそれも使い方、思いの乗せ方次第で、人と人との関係を育む道具にすらなりうる。

見えにくい「大きなシステム」の中にお金を投じるのではなく、日々の生活に近い身近な循環の中でそれを生かすことができれば、それは豊かさや安心感となってあなたのところに返ってくることだろう。

そうした小さなシステムの集積こそが、世界第三位の経済大国となりながら、どういうわけか幸福感を感じにくいこの国の、社会の質を変えていく突破口になるのではないだろうか。

コラム 3

大きなシステムと小さなファンタジー

ドイツのファンタジー作家、ミヒャエル・エンデの『はてしない物語』。

物語の舞台は「ファンタージェン」——荒唐無稽な生き物たちが活躍する、夢あふれる想像の国。だがある日から、この国も目に見えない強大な力による侵食にさらされるようになる。その力の名前は——「虚無」。

小さい頃はなんとも思わなかったが、「ファンタジー」に対置するものとして「虚無」を置いたエンデの気持ちが、今なら少し分かる気がする。

普通ならそれを「悪」として描いてもよかったはずだ。

誰か特定の登場人物の「悪意」が世界を破壊し、人々の夢を奪っていく。人類最後の希望は、正義の勇者に託された……。

だがエンデはそうしなかった。

「虚無」——英語では nothing。「何もないこと」。

そう、現代社会でシステム化が徹底すると、人は考えなくなる。システムの要請に沿って決められたように振る舞うことしかしなくなる。

営業成績を高めるとポイントがつき、そのポイントで給料が上がるのだとしたら、営業成績を高めることに邁進すればいい。「なぜ、営業成績を高めなければいけないのか」とか、「そもそも営業成績ってなんなのか」などと問うことは求められてはいないし、そんなことをしていたらむしろ「異端児」――「システムエラー」となる。

求められるのは、システムの忠実なしもべであり、操作者（オペレーター）だ。システムの目的に沿って、ときに自分の本心を「殺す」ことさえ憚らない人。

そうしたシステム操作者としての日常を送っているうち、気が付けば「自分が何が好きか」「自分が何を美しいと思うか」に答えられなくなっていく。自分の中の「ファンタージェン」はしぼんでいく。やがてそうした日常に疑問を感じていたことさえ忘れていく……。

この「虚無」に抗うのは極めて難しい。

なぜならその戦う相手の正体がはっきりしないからだ。それが「悪」であるならまだ分かりやすい。「社長が悪いやつで……」という話であればまだ対処のしようもある。でも社長も実は別種の操作者（オペレーター）でしかないということさえある。

この「虚無」に対抗し、「ファンタージェン」を救うものとして話中、エンデが示した方策が「新しい名前をつける」ことだった。

「名前をつける」とは極めて主観的な行為だ。もちろん名前に込める思いはあるにしても、その名前でなければならない客観的な説明は難しい。

結局エンデは、客観性であり「意味の世界」「言葉の世界」から自身を解き放てと言いたかったのではあるまいか。その意味は分からず、その理由は説明できなかったとしても、心の向かう方向へとしたがうこと。

世界を想像し、創造すること。

そしてそれを一番上手にできるのはこどもたちだ。

現代のおとなたちが「虚無」に支配されるのか、それとも「ファンタジー」を育めるのか――その命運を握るのもまた、おとなたちの中に眠るこどもたちなのではないかと思う。

第4章

「交換の原則」を変える

一八万回の「交換」

二〇一四年一〇月一日。クルミドコーヒーが開業して丸六年。

この間、お店を訪ねてくださった方々の累計はおよそ一八万人になった。東京ディズニーランドや東京スカイツリーといった場所を訪ねる人々の規模感と比較すればそれはとてもちっぽけな数字かもしれないが、それでも年数をかけ、一人＋一人＋一人＋一人……と地道に積み上がってのこの数字。お店にまつわる様々な計数の中でも、一番誇りに思う結果の一つだ。

ちなみにお店のある西国分寺という駅は、ＪＲ中央線、東京から高尾まで二四ある快速の停まる駅の中で最も乗降客数の少ない駅。

実際この駅で降りる用事などほとんど想像できないくらい何もない駅で、ぼくらは勝手に「中央線最後の秘境」と呼んでいる。

一八万人の中には地元のお客さんももちろん含まれるが、一方かなりの数のお客さんは「わざわざ」お店を目的に西国分寺まで足を運んでくださっていると想像され、そういう意味でもこの数字は、文字通り「有難く」、感慨深いものだ。

「一八万人のお客さん」ということは、言い方を換えればこれまでに一八万回の「交換」の機会があったということになる。

交換とは、「やり取り」と言い換えてもいい。

扉を開けて入ってこられるお客さんを迎え、席にご案内し、メニューとお冷を出し、注文を受け、コーヒーやケーキを提供し、帰り際にはお代をいただく。

自動販売機に一〇〇円を入れて缶コーヒーが出てくるというような「点」の交換と比べると、もう少し「線」の交換、連続的なプロセスであり、またそれが複数回に及ぶことで「面」の交換にすらなる。

塵も積もれば山となる。一回一回の交換のインパクトは小さかったとしても、それらが足し合わさり、掛け合わさり一八万回となれば、それはそれなりの成果をもたらしてくれる。

「お店にチラシを置いてもらいたい」への答え

第二章でも触れたように、一回一回の交換を〝テイク〟の動機に基づいて行うこともできれば、〝ギブ〟の動機に基づいて行うこともできる。前者を「利用し合う関係」、後者を「支援し合う関係」と呼ぶこともできるだろう。ぼくらはお店のオープン以来、お客さんと「支援し合う関係」を結びたいと考えてきた。

ところが実際にはそううまくはいかないことも多い。

例えばお店をやっているとよく受ける問合せの一つは、「チラシを置いてもらえないか」「今度、お店を使ってイベントをやらせてもらえないか」といった種類のものだ。もちろんできる協力は極力したいと思うし、そうした中で実現したものももちろんあるが、残念ながらこうした問合せには一方的なものも多い。

つまり、お店を「利用」しようとするもので、先方にとってそうすることの意味は分かったとしても、お店にとっての意味となると、「?」となってしまうもの。お店に来たこともなく、こちらがどういうお店で、どういうことを大事にしようとしているのかにもほとんど関心がないまま連絡がくるようなケースも、残念ながらままある。

こういう問合せには、こちらも「利用」で返すしかない。つまりお金だ。「いくらいくら払ってくれるならいいですよ」と。ただこうしたやり取りはちょっと疲れるし、その先にお金以外の何かを生んでくれないことが多いので、実際には断ってしまうことも多い。

ただ実はまわりを見渡してみると、こうしたお店にまつわるものに限らず、世の「やり取り」の多くが、この「利用し合う関係」で埋められていってしまっていると感じるのは自分だけだろうか。

習慣化する「利用し合う」人間関係

会社にとっての「目的」とはなんだろうか。

「技術革新で世の中を便利に」「一人一人の創造性を発揮」など、さまざまな題目は掲げられているとしても、第三章でも触れたように、資本主義の力学の中で動く会社を突き動かす目的であり動機は、多くの場合「売上の成長」であり「利潤の最大化」だ（上場企業の場合、よりその傾向が強いだろう）。

ということは、お客さんはそのための「手段」になる。

自らの目的の実現のために、テイクする対象、利用する相手だ。そう書くと聞こえが悪いようだが、客は客で自らの目的のために会社（の商品やサービス）を利用するのだからお互いさまだ。

そして実は、会社と社員／従業員の関係も同じ構造になる。会社は、会社の目的のために社員／従業員を利用する。逆もまたしかり。

こうして「利用し」「利用される」関係が、会社／ビジネスのまわりに広がっていく。


このことは、ぼくらの日々をじわじわ侵食してくる。

例えば大企業で働くAさんにある平日の夜、時間ができたとする――「誰かとごはんを食べに行こう」。

こうしたときパッと頭に浮かぶのが、「この人と付き合っておくと、仕事上いいことがありそうな人」だったりすることはないだろうか。パーティに参加したとき、「誰と名刺交換するか」というケースを想像してもらってもいい。

つまり、ついつい「利用価値」で人間関係を判断してしまうのだ。そしてその判断基準はやがて友人関係にまで及ぶ。「こいつとは付き合っておこう」。いずれ仕事で力になってもらえそうだから。いつか役立ちそうだから。こうしたことはAさんにとって熟慮の上での選択というより、いってしまえば習慣だ。日々、朝から晩まで会社で働かせている思考回路は、仕事を離れたといってもそう簡単には切り替わらない。

こうして「利用し」「利用される」関係が世の中に広がっていく。成果主義の人事考課が、この傾向に一層拍車をかける。

「人脈」という言葉はまさにその象徴だ。人間関係を手段と捉えた言葉。ぼくが世界で一番嫌いな言葉でもある。

相手に利用価値を求めるということは、自分も利用価値を求められるということ。そうして一人ひとりが自らの「利用価値」を高めるべく常に有形無形のプレッシャーを受け続けるということは、そこにもちろん正の効用もあるにしても、常に不安と背中合わせということでもある。

ぼくらはその逆をいきたいと思っている。

一通の手紙

二〇一一年夏、一通の手紙を受け取った。差出人の名前は長原祐子さん。

聞けば長原さんは国立音楽大学のご出身で、後輩たちの演奏の機会にと西国分寺の駅から少し歩いたところにあるご自宅を開放され、丁寧に小さなクラシックコンサートを積み重ねてこられているという。
とても美しい文字で、四ページにもわたってしたためられたその手紙には、彼女の音楽の持つ力への思いと、小さな演奏会をクルミドコーヒーで開きたいとのメッセージが添えられていた。

それまでにも何度もお店を訪ねてくださっていた長原さん。「自分たちのコンサートのためにお店を使わせてくれ」という提案とは少し違い、文章のはしばしにはぼくらが大事にしようとしていることへの理解があり、「音楽があることで、クルミドコーヒーが、西国分寺での日々が、いかに素晴らしくなるか」といった、一緒に未来を思い描くような記述があふれていた。

「心を込めて家族の食事を整えるように、テーブルに一輪お花を活けるように、壁にそっと絵を飾るように、そこに音楽があったら、と思うのです」
「こどもたちにこそ、本物の音楽に触れさせたい」

――「そうそう、そんなことが実現できたらいいよね」。それが、手紙を読んだぼくの第一印象だった。

長原さんの手紙は、自らの目的のためにぼくらのお店を「利用」しようとするものとは少し違い、ぼくらのお店を、ぼくらがお店を通じて実現しようとしていることを「支援」してくれようとするものだった。

だからぼくらも、長原さんを、長原さんの思いを「支援」したいと思った。


そうして二〇一一年九月八日を第一回として「音の葉コンサート·inクルミドコーヒー」が始まった。

途中さまざまな試行錯誤はありつつも、二〇代を中心としたプロを目指す若手音楽家の演奏を至近距離で味わえるとあって好評を博し、三年が経った今では、トークと組み合わせた形式（「音の葉の夕べ」と呼んでいる）などを含めて月三回、レギュラーコンサートを積み重ねるにいたっている。

著者を支援する――クルミド出版

長原さんから手紙を受け取り、お店での「音の葉コンサート」が産声を上げたちょうどその頃、その後のお店の展開に大きな影響を及ぼすことになる二人の女性と相次いで出会っていた。

寺井暁子さんと小谷ふみさん。

もちろんそれぞれに状況はまったく違っていたが、それぞれ文章を書きためており、それらをこの先どう生かしていったらいいか悩んでいるという点では共通するお二人だった。

寺井さんは、かつて高校時代を共に過ごした仲間を、一年かけて丁寧に訪ねてまわった膨大な量の旅の記録を書き残していた。

小谷さんは、結婚、出産、子育て、病気、離婚など人生の激動にあって、傷つきながらもユーモアをもって前に進もうとする心象を記した詩／エッセイを六〇〇篇も書きためていた。

それぞれに、まだ入り口段階ながら出版社やウェブメディアとのやり取りにも着手していたが、自分たちの文章がそうした媒体にかなうものなのかに不安も感じ、またどうしても分かりやすく、センセーショナルな方向へと向かいがちになる商業出版のあり方にも馴染めないものを感じているようだった。

「それじゃあ、クルミドコーヒーから本を出しませんか」

気がついたら自分からそう言っていた。

成算があったわけではなかったが、いまだ価値を認められていない「何か」を形にし、世にそっと差し出そうとする表現者としてのその姿勢が、クルミドコーヒーの来し方に重なる思いもあったし、一見頼りなさげに見える二人の中に見え隠れする「それでもこの一点だけは貫き通す」というような芯、その「弱いのに強い」感じにも惹かれ、応援したい気持ちになってしまったのだ。

店内には「クルミド文庫」というお客さん用の本棚があったし、直前に「くるみ文具店」という屋号でノートを作るような取り組みもしていたから、原稿を製本することはできる、製本できれば置く場所はある、と安易な計算をしてしまった部分もあった。実際には「本を出版する」ということがそんな生易しいものではないことを、後に痛感することになるわけだが……。


クルミドコーヒーはカフェだが、一杯のコーヒー、一皿のケーキはぼくらにとっての表現の機会でもある。一つ一つの仕事に嘘をつかず、心を込めて手間ひまを惜しまない仕事をすれば、それは受けてくださる人の心に必ず届く。

それはときに人を鼓舞し、人を癒し、その先に前向きな波及効果をも生むことさえある。

ぼくらはそう信じてやってきていたから、続いて本をつくるとなったときにぼくらが考えたのも同じことだった。丁寧な仕事をしよう、むしろプロだったら決してかけないような手間ひまをかけた本づくりをしよう。それは、本という形態をとっての新しい表現のチャンスでもあるのだ。

その後およそ一年半の月日を経て、二〇一三年二月七日、寺井暁子さんの原稿は『10年後、ともに会いに』、小谷ふみさんの原稿は『やがて森になる』という書名となって世の中に刊行された。

出版社名は「クルミド出版」。取次会社も通さない（通せない）インディペンデント出版ではあるが、人の縁にも助けられ、時間をかけて一冊一冊、読み手のもとへと旅立ち続けている。

そしてむしろ、お店は西国分寺から動けない一方、本は自由に飛び立てるから、真鶴へ、松本へ、高松へ……と、本が水先案内人となって新しい縁を結ぶきっかけになってくれてさえいる。

二人の著者も、代えがたいぼくらの同志だ。

支援すること＝自分を利益の犠牲にすること、ではない

長原さんも、寺井さんも、小谷さんも、元はといえばクルミドコーヒーのお客さんだった。

ぼくらが売上や利益を目的とし、お客さんをそのための手段として「利用」しようとするスタンスだったとしたら、あるいは彼女たちがそういう姿勢でお店に接してきていたとしたら、互いが互いを「利用価値」で評価しようとしていたとしたら——「音の葉コンサート」も「クルミド出版」も実現していなかったのではないかと思う。

自分が目の前の相手に、どう力になれるか。

「支援する」姿勢は一面において利他的な行為であることは事実である。ただそれは、「自分の利益を犠牲にする」ことと必ずしもイコールではない。「支援する」姿勢は、相手の「支援する」姿勢をも引き出すことで、多くの場合自身に返ってくる。昔からの知恵にならって言えば「情けは人のためならず」。

「支援する」ことは「支援されること」なのだ。実際に今、クルミドコーヒーは、音の葉

コンサートやクルミド出版に、多く助けられている。

そして重要なのは、お店において、そういうチャンスが六年間で一八万回あったということだ。ここに取り上げた事例ほど顕著でなかったとしても、一人一人のお客さんを「利用する」のではなく「支援する」気持ちで接することで、一回一回の交換は、「コーヒーを売って六五〇円の売上をあげる」以上の意味を持ってくる。お店の中で捕捉できないような大小さまざまな波及効果を含めていえば、それはきっと大きな広がりを持ってくる。西国分寺の小さなお店でも、気がつけば数十万回。お店をやるということは、日々がそういう可能性に満ち満ちるということなのだ。

採用されなかった〝society〟の訳語

明治期に〝society〟という言葉が入ってきた当時、これにどういう日本語訳を当てるかが議論になったという。結果的には「社会」という語が普及・定着し、今もぼくらはこの言葉を使っている。ただ個人的にはこの訳語は、「どこか自分とは遠く離れたところにある大きな何か」を指すニュアンスがあるように感じ、あまり好きになれない。「社会」

に自分が含まれている感じがしないのだ。

そして実はかつて、〝society〟に当てる訳語としてもう一つ「人際交流」という候補があったという。なるほど、と思う。つまり「私とあなたの関わり」の集合体とでもいったところか。


そう「社会」とは、一つ一つの関わり、一つ一つの交換の集合体なのだ。

ぼくらのお店で一八万回の関わり合いがあったように、この世には日々無数の関わり合い、交換がある。そしてそれらの集積で一つの「社会」ができている。とすると、もし一つ一つの関わり合いの「原則」を変えることができたなら、それらの無限ともいえるような積み重ねが、積もり積もって世の中に大きな変化をもたらすことだってあるのではないだろうか。

「利用し合う」関係から、「支援し合う」関係へ。

ぼくらのお店一つにおけるお客さんとの関係の話にとどまらず、これを面的に地域へと広げる取り組みが始まっている。地域通貨「ぶんじ」である。

誰かを支援した時にもらえる「お金」

二〇一二年九月から、国分寺界隈で流通し始めている不思議な券面がある。名刺大の紙のカードで、名前は「ぶんじ」。「地域通貨」と呼ばれたりすることもある。その裏面にはこんなメッセージが記されている。

〝相手を思う、気持ちのこもった丁寧な仕事に「いいね！」
率先したまちのための汗かきに「ありがとう」
誰かの「贈る」仕事が
また次の人の「贈る」気持ちを呼び起こし、地域をめぐる。〟

例えば初夏、「抜いても抜いても、草が生えてくる！」と農家さんの悲鳴が聞こえてくると、まちに「草取り隊」が編成される。そのとき、一緒になって汗をかきかき草取り応援することで、「ありがとう」と一〇〇ぶんじ。あるいは地域のお祭りのボランティアスタッフを買って出ることで一〇〇ぶんじ。または地域でお店をやっているような人であれ

国分寺で流通する「ぶんじ」（左：表面、右：裏面）

ば、パンやコーヒー、うどんの代金の一部として「ぶんじ」を受け取ることができる。

つまり「ぶんじ」は、何かを「手伝う」、誰かを「支援する」仕事をしたときに、その対価として受け取ることができるものなのだ。

そして受け取った「ぶんじ」は国分寺界隈のお店で代金の一部として使うことができるほか（そうしたお店が二五店舗ほどある）、困ったときなど誰かの力を借りたいときに使うこともできる。

「地域通貨」という言葉が注目されるようになったのは、一九九九年からのこと。同年、ＮＨＫ－ＢＳ１（当時）で『エンデの遺言～根源からお金を問う～』という番組が放映された。自分も社会人になりたての頃にこの番組を見て、「おおー！」と興奮し、大きな衝撃を受けたことを覚えている。

「パン屋でパンを買う購入代金としてのお金と株式取引所で扱われる資本としてのお金は、二つの異なった種類のお金である」、「お金は老化しなければならない」などなど……。普段ぼくらがあまり正面から考えることのない「お金」をまさに根源から問い、一方新しい可能性を提示してくれる刺激的な内容だった。「地域通貨」もそこで紹介されていた。

以来、日本中のあちらこちらで様々な形の地域通貨が試行された。ときに「地域経済の振興」のため、ときに「ボランティアワークの可視化」のため。

自分もそうした動きをずっと興味深く追っていたのだけど、一〇年以上の時が経ち、自分の地元で、いよいよ挑戦の時を得たわけだ。

お店×農家×援農ボランティア

例えば今、クルミドコーヒーのまわりではこんな循環が起こっている。

お店のメニューの一つに「クルミドケーキクリーム冬のいちご」というものがある。お店で焼いたマフィン状のケーキの間に、フレッシュな大粒いちごとそれを覆ったホワイトチョコクリームを贅沢にはさみ、まわりにもいちごジャムをあしらった人気メニューだ。

このケーキに使ういちごは、お店から自転車で一〇分ほど行ったところにある「中村農園」さんから仕入れさせていただいている。「紅ほっぺ」という品種で、ときにはその日の朝に摘んだものを送り届けてくださったりして、本当にみずみずしくて甘い。

そしてその仕入れに際し、代金の一部（一割程度）として、「ぶんじ」を受け入れてくださっている。

さらに中村さんは、農作業をサポートしてくれる援農ボランティアさんに、その貢献へのお礼（の一部）として「ぶんじ」を渡す。

援農ボランティアさんはその「ぶんじ」を持ってクルミドコーヒーに来てくだされば、自分も一緒になって育てたいちごを使ったケーキを食べるに際し、その代金の一部に「ぶんじ」を使うことができる。

こうして「ぶんじ」が地域を一周する。


「ぶんじ」の特徴は、裏面にメッセージを書き込めるようになっていることだ。

一〇個ほどの「吹き出し」があり、そこにひと言書き込んで相手に渡す。「おいしかった！」「ありがとう！」「助かりました！」等々、誰かの「仕事」を受け取った人からの感謝の言葉が並ぶ。すでに何回か使われた「ぶんじ」であれば、それが自分にたどり着くまでのやり取りの痕跡を、そこに見ることもできる。

だから「ぶんじ」は、「このエリアで一番使われているメッセージカード」と言うこともできる。

ぼくらは農家さんに、農家さんは援農ボランティアさんに、援農ボランティアさんはぼくらに、それぞれの仕事を受け取った証として、「ありがとう」の気持ちを込めて「ぶんじ」とメッセージを送る。

それは仕事をする側にとってとてもうれしい手応えになるし、またがんばろうと思う励みにもなる。

自分たちの仕事を見直す契機

お店にしてみると、これは自分たちの仕事を見直すいい契機になる。

「ぶんじ」を手に入れたいと思ったら、お客さんに「ありがとう」と言ってもらう必要がある。どうしたら自分の仕事がお客さんに感謝してもらえるものになるのか……。

誰しもお店を始めるときには正面から考えていたであろうその問いも、時間が経つとついつい惰性に流れてしまいがちだ。ともすると日々の売上、預金通帳の残高の方に心を奪われてしまうようになる。

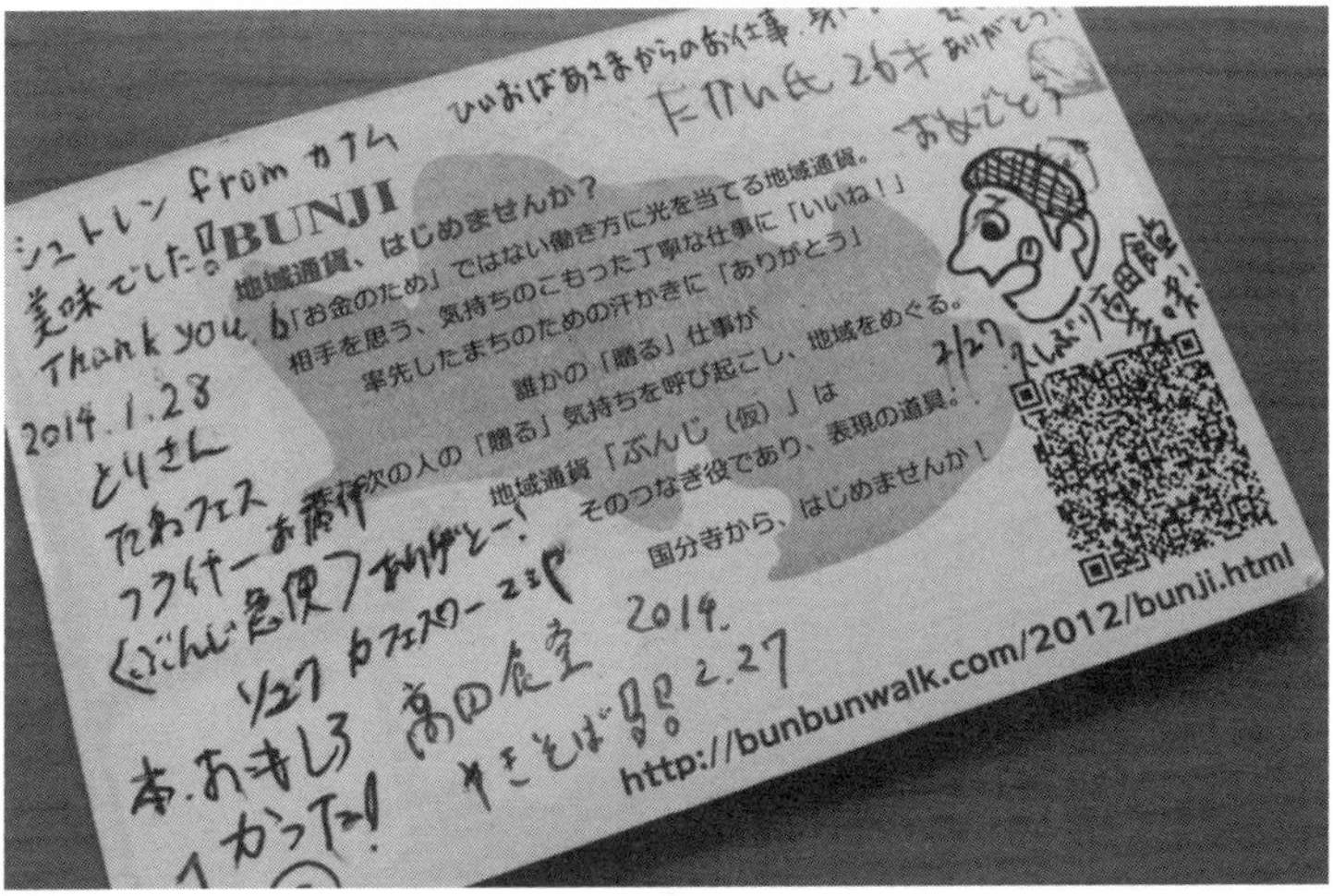

感謝のメッセージが書き込まれた「ぶんじ」

「お客さんに感謝してもらう」――これは簡単なようで、案外そうでもない。それは逆を考えてみるとよく分かる。日々、自分がお金を使う機会を思い浮かべたとき、自分が何かの商品やサービスを利用して、お店（サービス提供者）に対し「ありがとう」と心から思うことがどれだけあるか……。

そして最終的には「正攻法」にたどり着く。

それは美味しいコーヒーを淹れることであり、お客さんがいい時間を過ごせるよう尽くすことだ。お客さんにギブすること、お客さんを支援することなくして、「ありがとう」は得られない。

こうした積極的な問い直しが、まちのあ

ちらこちらで不断に行われていくとすると、そのインパクトは計り知れない。

見渡すまちの景色は昨日までと同じカフェ、パン屋、うどん屋だったとしても、その一つひとつの仕事の質は昨日までとは違う。

ぼくらを取り巻くすべてのものは、誰かの仕事の結果だ。食べるもの、着るもの、住むところ、学ぶ機会、移動する手段、手元を照らすあかり、情報……。それら一つひとつの「仕事ぶり」が変わっていくとしたら、それはぼくらの日々が大きく変容することに他ならない。

それを「世の中すべて」というスケールで考えようとすると、途端に現実感がなくなってしまうけれど、それを例えば国分寺／西国分寺というサイズで考えれば、その変化は手の届く範囲で、具体的に想像できるものだ。

「受け手」が、「贈り手」を育てる

「ぶんじ」を二年半やってきて思うのは、これは「受ける」ことを学ぶための道具なのかもしれないということだ。

例えば挨拶を思い浮かべると、「挨拶をしましょう」と教えられることはあっても、「挨挨拶にはちゃんと応えましょう」と教えられることはあまりない。

でも、こちらが「おはよう」と言っているのに向こうが何も返してくれないとすれば、早晩その「おはよう」も失われてしまうだろう。

コール&レスポンス――コールあればこそのレスポンスではあるのだけれど、レスポンスあればこそのコールでもある。

「ぶんじ」は「受ける」ことを明示化する。「ぶんじ」を渡すということが「受け取りました」ということの表現だ。もちろん誰もが日々何かしらを受け取っていることは事実なのだろうけれど、それが明確な意識下に置かれることは少ない。

でも、「ぶんじ」の場合、「裏面にメッセージを書く」という行為を伴うことで、それを渡そうとするとき「果たして自分は何を受け取ったのか」を自問するきっかけとなる。

そして、その作業を通じて、仕事の主であり「贈り手」の存在を想像するようになる。

この一連のプロセスが、誰かの仕事を「受ける」ことの訓練になる。

こうした訓練は、「ぶんじ」のケースのように「まちの中の仕事」を取り巻いてだときっとやりやすいだろう。

なぜなら「贈り手」の顔が具体的に見えやすい、その存在を具体的に感じ取りやすいからだ。

大きな会社の商品・サービスとなると、それが「誰の仕事の結果」なのかどうしても見えにくくなる。「〇〇株式会社の仕事」であることははっきりしていたとしても、その存在は、「〇丁目の誰々さん」と比べると少し抽象的だ。

こうした大きな会社の商品・サービスが世に占める割合が増していくことで、ぼくらは「受け取りました」を表現することを忘れていく。


本当は、「受け手」の存在が「贈り手」を育てる。

まだ世の評価の定まらない仕事であったとしても、それを受け止め、価値を見出してくれる「受け手」のあることが「贈り手」の背中を押す。仕事の主の勇気になる。受け取ってくれる人の笑顔が、「贈る」ことのよろこびを教えてくれる。


想像してみて欲しい。

こういう「受ける」ことが上手な人で満たされたまちがあったとしたら？

何か発信があったり、新しい挑戦を始めたりする人に対し、厳しくも温かいリアクションの返ってくるまちがあったとしたら？

「他にはまだ誰もそれを『いい』と言っている人はいないけれど、自分はそれ、いいと思う」と言ってくれる人が辻々にいるまちがあったとしたら？

きっとそこには、たくさんの「贈り手」をも生み出しているはずだ。

お金とは受け取るための道具

ぼくらが普段お金を使うとき、それは何か欲しいものを「手に入れる（Take）」ためだ。おいしいものが食べたい、広い家に住みたい、旅行に行きたい、そのためにお金を使う。

でも、もう一つの視点として、お金を「受け取る（Given）」ための道具として捉え直すのはどうだろう。目の前の「おいしいもの」も「広い家」も「旅行」も誰かの仕事の結果だ。お金はそれを受け取るための道具。

どんな仕事にも、それを現実のものとしてくれている「贈り手」の存在がある。その仕事／ギブを受け取りました、いただきました、ありがとう、とお金を渡すのだ。

このように自分が受け取ったものを意識することは、贈り手を想像することにつながり、それが「いい仕事」であると感じられる場合にはリスペクトの気持ちにつながる。

そして、「いいものを受け取っちゃったなあ」という感慨とともに生じる「健全な負債感」を解消しようとすることは、次の贈与への動機を生じさせることになる。「ぶんじ」ではそれがより明示的に行われるわけだが、これは別に普通のお金（日本円）でだって同じことが実現できる。

というよりお金にはもともとそういう性格があったのではないかと思う。贈り手や仕事の主の存在を、より直接的に感じ取りやすい社会においては。

一方、お金を「手に入れる」ための道具と位置付けるということは、仕事の主は取られる／奪われる（Taken）存在になることを意味する。

一見同じ「Aさんがケーキを作り、Bさんがそれを食べる」という関係性も、それをTake/Takenの関係と捉えるのか、Give/Givenの関係と捉えるのかで、やり取りを経た当事者間の心証には大きな違いが生まれるだろう。

前者は疲弊感に、後者は幸福感に近づくと考えるのは単純化し過ぎだろうか。一回一回のやり取りのインパクトはそれほどでなかったとしても、これは日々何十回、何百回、何千回と繰り返される事柄だけに、その積み重ねはじわじわと、ぼくらの生きる実感に影響を与えていても不思議ではない。

自動販売機化する社会

ぼくらの「受ける」技術。ますます下手になっていきそうな予感がある。

それは世の中が日々「自動販売機化」していっており、その勢いはますます加速していきそうな気配だからだ。

ガソリンスタンドが無人化し、病院や図書館の受付から人がいなくなり、電車に乗るには自動改札、ネットではクリックひとつで本が買え、コンビニではボタン一つでコーヒーが飲める。

気がつけばぼくらのまわりは、人が（ほとんど）介在せずに商品・サービスが提供され、それを受け取る機会に満ちあふれていっている。そうすると、自分が手にしているこの商品・サービスが、さかのぼれば誰かの仕事の結果であるという事実も一層身体的には感知しにくくなっていく。

それは感謝の気持ちを失わせる。商品・サービスの向こうにあるはずの人の存在が想像できず、誰に感謝したらいいかすら分からなくなってしまうからだ。

そしてさらには貨幣の電子化、銀行口座での自動引落しの普及がその傾向に拍車をかける。ピッとICカードをかざして自動改札を通る瞬間、あるいはある日、家賃相当額が口座から自動で減額される瞬間、そもそも自分が誰かの仕事を購入して（受け取って）いるという事実すら、意識に上らなくなってくる。

自分の日々は、数多くの他者の仕事によって支えられている。その状況はなんら変わっていないはずなのに、ぼくらの周囲から仕事の主の気配はどんどん消えていく。そしてあたかも自分は、自分一人の力によって日々を成り立たせているかのように錯覚する。

エレベーターで扉の脇に立って「開」ボタンを押し、降りる人を見送る。「ありがとう」と会釈をしてもらえたり、小さく声をかけてもらえたり……してもよさそうなものだが、そうでないこともある。これも日々のちょっとした人の「仕事」であり「働き」なのだけれど、それを「受け取って」もらえないことがある。

そこに人の存在を感知していないかのように。

それは、ぼくらの日々から、人の仕事を「受け取る」習慣と意識とが失われていっているから？　そんな風に捉えてしまうのは自分の考え過ぎだろうか。

経済とは交換の連なり

始まって二年半。「ぶんじ」の参加メンバーは約二〇〇人となった（実際に「ぶんじ」を手にした人の数はもっと多いが、ここではFacebookグループに登録し、ある程度お互いに顔の分かる範囲を「参加」と呼ぶとして）。使えるお店の数は二五。「ぶんじ」の発行枚数は九〇〇〇枚。

しかし、より重要なのは「流通量（フロー）」だ。それは「交換の回数」と言ってもいい。「ぶんじ」の場合、裏面にメッセージが残るので、おおよそのそれを類推することができる。

例えば「ぶんじ」一枚につき平均して三ヶ所、メッセージが書き込まれているとすれば九〇〇〇枚×三＝二七〇〇〇――二年半の間にそれだけの交換が行われたということになる。金額換算すれば二七〇万円、日数で割ると一日あたり三〇回。これを多いと見るか少ないと見るかは判断に悩むところだが、国分寺／西国分寺という一つのエリアで毎日まちのどこかで三〇回、誰かが誰かを思う善意の仕事がやり取りされているとすると、それはそれですごいことだ。

クルミドコーヒーも月間で、三〇～五〇枚ほどの「ぶんじ」を受け取っている。「いつもすてきなファンタジーをありがとう」「いい時間を過ごせました！」——普段、改まって伝えるのは気恥ずかしいようなこうしたメッセージも、数文字、ちょっとした吹き出しの中にだったら書き込める。

こうしたメッセージはぼくらに確実に届いていて、ぼくらの贈る気持ちを刺激する。そしてひょっとしたらぼくらも知らないところで、ぼくらとの交換は、お客さんが次へと何かを贈るきっかけともなれているのかもしれない。

「経済」とは、仕事や価値の交換の連なり／循環と定義することができると思う。

誰かが誰かに仕事（価値）を贈る。受け取ったそれに価値を感じた人は、贈り主に何か仕事（価値）を返すこともできるし（恩返し）、誰か別の第三者にそれを送ることもできる（恩送り）。そうして仕事や価値がまちを巡る。

ということは、一つ一つの交換のありようが変われば、それらの連なりとしての経済の姿も大きく変わってくる。

そして、そうした人の「贈る仕事」の流通量が増えていくことを経済の成長と呼んでみてはどうかと、ぼくは思うのだ。

コラム 4

地域通貨が続かない理由

地域通貨という単語には、あまりいいイメージを持っていないという方もきっと多くいるだろう。

実際「エンデの遺言」以降、日本中でおそらくは数百ものトライアルがなされ、それらの多くは、残念ながら現在まで続いていない。

地域通貨が続かないのにはいくつかの理由がある。

第一に、楽しくないこと。

地域通貨のねらいには、「地域経済の活性化」「ボランティアワークの可視化」などが挙げられる。確かにそれらは実現できたら「いいこと」ではあるだろう。ただ、「だから、そのためにがんばろう」となると、それは理性の働きということになる。頭で考えた結論。確かに一時はそれでがんばれるかもしれないが、長くにわたってそこに尽くせるほど、多くの人は強くない。

反面、取り組みの中に遊びの要素があり楽しさがあると、自然と人も集まり、活動も継続する。

「ぶんじ」が少なくともここまで続いてきたのは、名刺入れの中に「ぶんじ」が二～三枚でも入っていた方が、まったく入っていないよりも日々の暮らしが楽しくなるから。

ただでさえ地域通貨は使える範囲や使える金額が限られているもの。いわば日本円と比較して、機能性の低いお金だ。であると、そこに日本円では実現できないような付加価値(その一例が「楽しさ」だ)がないことには、早晩財布や名刺入れの中から、そのためのスペースは失われていく。

第二に、特定の人に負荷がかかること。

それがどんなことであれ、一つの取り組みを始め続けていくには、それなりの負荷が発生する。通貨の発行、情報の更新、加盟店舗のケア、問合せ対応……。

地域通貨には多くの場合言い出しっぺがおり、また実務を担う事務局長のような人間がいる(それらが同一人物のことさえある)。ただそうした中心人物が、「本業」や家庭で忙しくなったりして運営の負荷を担えなくなると、活動全体が停滞してしまう。

「ぶんじ」には二〇人ほどのコアメンバーがおり、そのときどきにコンディションのいい者が運営の実務を担う体制となっている。二週間に一度の定例会の呼びかけや、議長、書記も持ち回りだ。誰が代表で誰が事務局長なのかさえいい意味で曖昧なくらい、それぞれに独自のエンジンを積んだメンバーによって取り組みが駆動させられている。

第三に、循環しないこと。

お店（商業）を巻き込んだ形での地域通貨の場合、えてしてそれはお店にたまってしまう。そしてお店としての使い道がないと、それは最終的には廃棄され、その分、新たな通貨が発行され続ける。それでは割引券・クーポン券と変わらない。

お店としても、使い道がない「通貨」をずっと受け入れ続けるのは難儀だろう。

「ぶんじ」では、一つには商業と農業とが連携することによってその使い道を開いている。

ただそこで、すべての「ぶんじ」を使い切れるわけでもない。

実はクルミドコーヒーの場合、受け取った「ぶんじ」をアルバイトメンバーを含めた全スタッフへの「ボーナス」として渡している。自分のなした仕事への「ありがとう」が記載された券面を受け取ることは励みにもなるし、また個人として持っていた方が、市内二五ヶ所の加盟店舗で使えるなど、お店として持っているよりも使い道が広い。

第四に、「消費者的な人格」を刺激してしまうこと。

第三点でも触れたように、多くの地域通貨が割引券・クーポン券となってしまう。これを持っていれば、飲食代金が一〇〇円引きになりますよと。それが多くに人にとって、一番分かりやすい説明でもある。

だが、ここに罠がある。

第二章で、クルミドコーヒーがポイントカードをやらない理由にも触れたが、割引券はお客さんの「消費者的な人格」を引き出してしまう。「できるだけ少ない労力で、できるだけ多くのものを得よう」という。それは合わせ鏡のようにお店側の同じ姿勢を引き出し、時とともに互いを疲弊させる。

お店が加盟する動機が「集客効果」である場合も同じことだ。そして同じ人ばかりが使うようになるなど「効果」が見込めなくなると、受け入れる理由まで失う。しまいにはお客さんが使おうとすると、店のスタッフが露骨にイヤな顔をしたりするようになる。それを察することのできるお客さんは、使うことを躊躇するようになる。

クルミドコーヒーでは、毎月何枚の「ぶんじ」を受け入れられたかを集計し、内外に発表している。そしてあたかも売上を一つの目標とするように、どれだけ多くの「ぶんじ」を受け入れられたかを一つの目標とさえしている。それを知ったお客さんは、お店で「ぶんじ」を使うことに躊躇がなくなるし、スタッフも自然と笑顔でそれに「ありがとう」と応えられるようになる。

そして、集計開始後まだ半年程度ではあるが、この「ぶんじ受け入れ枚数」と「売上」には正の相関がありそうだ。つまり、前者が多いことはそれだけ売上が失われているということではなく、「ぶんじ」を使いたくなるくらい（自然と「ありがとう」と言いたくなるくらい）お店がいい仕事をできているということであり、それは客数増、客単価増を経て、売上増に直結する。

「ぶんじ」も、流通し始めてまだ二年半。

「続いている」というにはあまりの短さだが、少なくともこれまでの地域通貨の取り組みと比して異色の存在ではあるだろう。

こうしたアプローチの是非について、一〇年後にでもまた検証できたらと思う。

第5章

人を「支援」する組織づくり

外との交換と、内との交換

たとえばお店は、お客さんとの間で「交換」をしている。それをテイクの動機から始める（利用する関係性）のではなく、ギブの動機から始めてはどうか（支援する関係性）というのが、この本のここまでの提案の一つだ。

ただそれがどんな事業体だったとしても、その交換は外に向かってのものだけではない。提供する価値を一緒になってつくり出し、一緒になって届けるメンバーがいるはずで、そこでの会社／経営者とメンバー／社員間のやり取りも、また一つの「交換」だ。

とある喫茶店。そのお店は、「お店を訪ねてくれた人に癒しと元気を」の思いで経営されているとする。そして店主は日々、口を酸っぱくして店で働くスタッフに呼びかけている。

「理念を忘れるな」「訪ねてくれたお客さんのためにベストを尽くせ」。

そのためとあらばスタッフは時間外勤務も当然のように求められるし、お客さんからのクレームがあろうものなら、定例会の場で対応したスタッフが名指しでなじられる。当初、お店の考え方に共感し集まったスタッフもそうした日々に疲弊し、「むしろ俺たちに癒しと元気が欲しいよ」と愚痴をこぼす始末……。

こうしたお店、こうした組織、見聞きすることはないだろうか。

つまり、組織の外に向けてはギブの気持ちがあり支援的にふるまおうとしているのに、内に向けてはメンバーを理念実現のための手段とし、利用しようとしてしまっている。

掲げる理念が正しく立派であればあるほど、メンバーはそうした状況に反論しにくく、なにかすっきりしないものを感じながらも現状を変えられずに擦り切れていく。これは外との交換と内との交換とで、その原則が一致していないケースだ。

このような状況が続くと、メンバーも会社のテイクに対してテイクで対抗するようになる。そんなに求めるのなら給料上げろ、福利厚生を充実させろ、もしくは同じ給料なんだったら自分はここまでしかやりませんよ、と。つまり、できるだけ少ない労力で、できるだけ多くのものを手に入れようとする姿勢で働くようになる。

「できれば出勤したくないけどな。まあ金のため。割り切って働くか」――こうして会社／経営者とメンバーは、互いに利用し合う関係へと陥っていく。

会社はボランティア組織？

とある大学の講座に呼んでいただいたことがある。そのコースのテーマは「ボランティア論」。聞けば、ボランティア三原則というものがあり、それは「自発性」「公共性」「無償性」だという。とすると……。

ここで自分の中に一つの疑問がよぎった。

「会社はボランティア組織ではないのか」と。

多くの人は、少なくともその当初の段階においては、その会社／組織で働くことを自発的な意思で選んでいるはずだ。そして仕事のほとんどは、「誰か別の人（お客さん）のために」という利他性（公共性）を備えている。

確かに給料は受け取っているものの、ボランティアの世界にも有償ボランティアという言葉があるように、働きに対してフェアな対価を受け取ることはとても自然なことのように思える。

むしろ問題なのは最初から「お金のために」働こうとしているかどうかという、動機の無償性なのではないか。とすると、会社がボランティア三原則を満たすケースもあり得るように思える。

だが実際には、多くの会社はそうではないのだろう。

社員が「出勤せずに済むのならできるだけ出勤したくない」と考えているとするなら、その人にとって働くことは残念ながらもう自発意思に基づくものとは言い難い。

また会社が理念を掲げてはいたとしても、日々の自分の仕事を方向づけているのはむしろ四半期ごとの売上目標だとすると、お客さんや世の中はそのための手段だ。「でも給料のために、出勤しないわけにはいかないけどね」――働くことの動機はお金だということになる。

もちろん物事はそんなに単純ではないだろう。

けれど、それでも会社で働く人にとって前述の思考パターンはそれぞれに思い当たる瞬間があるものではないだろうか。つまり世の少なくない人にとって働くこととは自発的でも公共的でも無償性に基づくものでもなく、気がつけばテイクする行為になってしまっているということだ。

会社も会社でその合わせ鏡。同じ給料を払うんだったら、もっといい働きをしてもらわないと割に合わない。同じ働きなんだとしたら、できるだけ支払う給料は抑えたい。

社員／従業員は「人件費」という名前になり、給料（価格）という名の合意事項を媒介として、互いが互いを利用し合う関係が形成されていく。

スタッフ採用時に必ず聞く質問

外との交換をギブの原則で行うのなら、内との交換も同じ原則で組み立てることはできないだろうか。

つまり、会社／経営者にとって、ともに働くメンバーはギブする対象、支援する対象と考える組織。

これがクルミドコーヒーとしてのもう一つのチャレンジだ。

現在お店の運営は、社員とアルバイトスタッフのみんなとで担ってもらっている。オープン後、二年くらいが経った頃からだろうか、採用に際して必ず聞くようにしている質問がある。

「あなたはお店をいかして、どんなことを表現してみたいと思う？」

ほとんどの相手はぽかーんとする。それもしょうがないだろう。向こうとしてみれば「だってカフェのスタッフでしょ」という感じ。「表現」という言葉も分かりにくい。

「挑戦してみたい、でもいいんだけど。もっと分かりやすく言えば、どんなことをやってみたいかってこと」

それでもなかなか答えは返ってこない。そもそも多くの人にとって「やりたいこと」なんてそうそうはっきりしているものでもないし、それがあったとしてもそれがカフェで？しかもこんな小さなお店で？

うまく答えられないのも当然だ。

「あ、もしそのうちに、『あ、こういうの気になるな』とか、『こういう方面興味あるな』とか、ピンとくるものがあったら教えてね。何かそのうちに一緒にできるもの、あったらいいなと思うから」

組織のために人がいるわけではない

こういうやり取りをそれでも毎回繰り返すのは、一人一人が別にクルミドコーヒーのために存在しているわけではないと思うからだ。

たとえば山田太郎さんという人がいるとする。山田さんはクルミドコーヒーで働くことに興味を持ってくれている。でもそうであったとしても、山田さんの人生は別にクルミドコーヒーのためにあるわけじゃない。山田太郎という人生が先にあって、お店はその道のりでたまたま立ち寄った一つの機会。人生という脈々と続く表現の一つの舞台に過ぎない。少なくとも自分はそんな風に考えている。

ただ多くの人は、「自分のやりたいこと?」「ほんとの自分って?」と聞かれても、うまく自分を語れないことの方が普通だから、先の「あなたはお店をいかして、どんなことを表現してみたいと思う?」という問いは、かなり難易度の高いものなのだろう。もし何らかの、自分なりの「答え」を出せたとしても、それはきっと時とともに変わっていくもの。だからぼくとしては、山田太郎さんが何らかの「結論」を出すためというより、少なくとも山田さんが何らかの方向にまずは一歩踏み出すことができるように、お店として力になってあげられたらいいなと考えている。

そのためにはその人に明るい関心をもって、あるとき、その人にしか出せない芽を出すその瞬間を待って、根気強く寄り添ってあげるしかない。

そういう意味でも、お店で働くというのはきっと悪くないリズムなのだろうなと思う。なぜなら、もし自分の時間の一〇〇％を自分の自由にしていいよとなったら、それはそれで多くの人にとってとても辛いことだろうなと思うからだ。

時間だけは豊富にあり、でもそこで何も生み出せない自分を責め、自己嫌悪に陥り、ますます何もできなくなるという悪循環……。

それと比べると、自分の〈働く〉時間の八～九割はお店のシフトに入ることになっているとすると、そこには間違いなく自分の居場所があり、自分の生産性を自他ともに認められる時間があることになる。それは自分の人生をつくるリズムパターンとなり、安心感の源泉となる。そしてそこをベースに、自分自身と向き合っていけばいい。

逆に、自分の時間のすべてがやるべき仕事で埋め尽くされてしまうとするとそれも問題だ。日々の仕事以外のことを考えたり、自分自身と向き合ったり、ちょっとした挑戦をしてみたりする機会が失われてしまう。
そういう意味でも一割でも二割でも、働く中に「余白」の時間を持てることは、自分なりの、自分にしかない「芽」を出すための、きわめて大きな前提条件となるだろう。

時が経つうち。

関心をもって、待ち、寄り添っていくうち——時間の経過とともに、一人一人の中からそれぞれ違った「言葉」が立ち上がってくる様子に立ち会うことができるようになる。最初はおそるおそる。でもある種の確信と力強さを伴って。

水出し珈琲研究所

「コーヒー、もっとおいしくできるなって思うんですよね。もちろんレシピはありますけど、工夫の余地はまだいろいろありますよね。水の種類とか、豆の量とか、（水で）落とすペースとか。それにコーヒーのメニューにも季節感があるといいなって。春には春らしいコーヒー、秋には秋らしいコーヒー」

こうしてチーム内有志で「水出し珈琲研究所」という取り組みがスタートしたのは二〇一三年秋。

研究時間は毎週木曜の朝七時からだ。コーヒーを落としては試飲し、コーヒーを落としては試飲し、時には座学の勉強をし、時にはフィールドワーク。特に水出しコーヒーの場合、少し大がかりなガラス製のボールやビーカーを使ってコーヒーを抽出するので、その「実験」の様子はまさに「研究所」の名にふさわしい。

そしてこのチームの働きのおかげで、お店で出すコーヒーの味にずい分と意識が配られるようになったし、数ヶ月が経った頃には実際レシピに磨きがかかり、よりおいしくコーヒーを出せるようになっていた。

また二〇一四年の春に向けては、「春のコーヒー」という季節限定の新メニューを開発し、実際にお客さんからも好評を得た。以来この「季節の珈琲」はお店のメニューの大事な一角をなしている。

これは一見、お店としてすべき仕事を単にしているだけ、とも見えるかもしれないが、通常の会社やお店でこうした取り組みを進める場合は、そこに会社／経営者からの指示や命令があることが一般的だろう。この場合、ミッションは「与えられるもの」。

店内地下に設置されている水出し珈琲用の器具

ただ今回はそうではない。メンバーの自発意思に基づいて、自分たちがやりたいと思ったこと、自分たちが必要だと思ったことを実行に移してくれている。ミッションはそれぞれが「見つけたもの」。他人ゴトではなく自分ゴト。そして会社／経営者、さらにいえば時には他のお店のスタッフも、その過程を支援する側となる。

それでは、もしメンバーの表現したいこと／挑戦したいことが必ずしもお店の運営に直結することでなかったとしたらどうだろうか。——そういう状況でも基本的なスタンスは変わらない。きわめて単純化してしまえば組織力／チーム力とは、「個々人の力の総和」×「チーム内の関係性」のようなものだ。後者はプラスにもマイナスにも働きうる（互いを生かし合うことも、足を引っ張り合うこともできる）。

ただ、いずれにせよ前者が育っていかないことには会社やお店は成長しない。一人ひとりがそれぞれに多くの人と出会い、技を磨き、経験値を高め、世界を広げていくことは、直接・間接にお店にも必ず還ってくる。


お店で、週末限定の焼き菓子を販売できるようになったり、夏に焼きたてのパンを出すモーニングをやれるようになったり、オリジナルの文房具を作れたり、こどもたちにお店の準備を手伝ってもらうプログラムを始められたり――。

店頭に並べるものや、お客さんにかけるひと言など、日々の運営の中でのちょっとした工夫も含めて言えば、ほとんど無数の創意工夫がスタッフのみんなからの発案と成長によって実現されてきた。

「自分ゴト」としてお店の伸びしろを見つけ、そこに自分を重ね試行錯誤してきたチャレンジの集積として、お店の成長がある。

「支援し合う関係性」に基づく組織へ

つまりぼくは、会社も「ボランティア組織」じゃないかと思うのだ。
先ほどのボランティア三原則を会社に当てはめてみよう。

①自発性――会社やお店の発展・成長を自分ゴトと捉え、自ら課題を見つけ、率先して挑戦する。働いているのは「誰かに言われたから」ではない。
②公共性――そこでの働きは自分ではない誰か（他者）に向かっており、その人をよろこばせることが自分のよろこびでもある。
③無償性――給料や時給は働く上でのきわめて重要な要素であるし、多くの場合それが職を求めるきっかけでもあるが、かといってお金のために働くわけでもなく（動機の無償性）、むしろそれは自分の仕事や貢献に対して周囲がもたらしてくれる対価と考える。

会社／経営者と社員／メンバーの関係を「利用（テイク）し合う関係性」ではなく、

「支援（ギブ）し合う関係性」として構築しようとする場合の重要な原則を、先の①〜③が言い当ててくれている。

一人一人の人生は会社に先立ってある。会社は、一人一人のメンバーを「利用」するのではなく、それぞれの人生であり、そこに根をもった一つ一つの自発性を「支援」する。

そうして発揮されるメンバーの自発的な働きや貢献によって会社は形成され、運営され、成長する。

もちろん、そうかと言って「なんでもあり」になっていいということでもない。会社や組織には理念や事業の範囲（ドメイン）がある。

けれども、それらを固定的に考えてしまうのではなく、たとえば新しくメンバーが加われば、そのメンバーが加わった分だけ、理念や事業の範囲も動的に変化してもいいのではないかと思うのだ。

そしてこうした関係においては「給料」の意味も変わってくる。

「利用し合う関係性」に基づく組織（会社）においては、会社から見て給料はメンバーの労働を手に入れる（テイク）ための道具だ。あたかも商品・サービスを「購入」するかのように。

一方、「支援する関係性」に基づく組織においての給料は、メンバーの働きであり貢献を受け取るための道具であり、「いいものを贈ってくれてありがとう」と表現する手段だ。

メンバーがより積極的に貢献をしてくれればくれるほど、会社／経営者は「受け取っているものの方が多いな」「ああ、こんな額じゃ足りないな」と「健全な負債感」を高めていく。

そして「なんとかもっと給料を支払ってあげたいな」とまでも考えるかもしれない。お金で足りない部分は、何とか別の形ででも返してあげられないかとまで考えるようになるかもしれない。

そして、メンバーにとっての給料は、自分の働きに対する対価だ。

自発的な働く意思が先にあり貢献が先にあって、それへの「反対給付」として給料が支払われる。

会社であり経営者がそうしたメンバーの「ギブ」をきちんと受け取る感受性を持ち、受け取ったもの以上のもので返そうとする姿勢を忘れなければ（そしてそれを実際に行動で示せれば）、給料の多寡の問題だけでなく、メンバーは働くことの満足感を得られるようになるだろう。

中には、会社／経営者から「いいものを受け取った」「いい機会を受け取った」と感じるメンバーがいるとすれば、こちらも「健全な負債感」に基づき「受け取ったもの以上のものを会社に返そう」とする姿勢で、組織への貢献を考えてくれるようになるかもしれない。

こうしてメンバーもメンバーで、会社を「支援」するようになる。

片方の「贈る」姿勢と行動が、受け取った他方の次なる「贈る」姿勢とを行動を引き出す。「受贈者的な人格」に基づく組織づくりが、こうして実現する。

川上さんのビーフシチュー

二〇〇九年から二〇一三年までの五年間、クルミドコーヒーではクリスマスの時期になると決まってビーフシチューを提供してきた。その言い出しっぺであり、陣頭指揮を執るのは川上さん。デミグラスソースから自分たちで作る本格派の一品だ。

一二月に入ると、牛すじ、たまねぎ、にんじん、セロリなどをオーブンで焼き、寸胴で煮込み始める。日中は弱火で煮込み、夜は冷蔵庫で冷やし、翌朝また取り出して……を三週間繰り返す。この間、焦がすわけにはいかないし、こまめに灰汁を取る必要があるし、気の抜けない日々が続く。そうしてベースをつくったところにトマトや赤ワイン、ローリエ、塩、胡椒……を入れ、とろみをつけてソースに仕上げていく。具材には、にんじん、ペコロス、そして真打ち、ブイヨンで別に一〇時間近くじっくり煮込んだ和牛のホホ肉を入れて、さあ完成！

手前みそになるが、これは本当においしかった。ぼくはいまだに、世界で一番おいしいビーフシチューは、この川上さんが作ってくれたビーフシチューだと思っている。

二〇〇九年、二〇一〇年……と年を重ねるごとに反響を呼び、三年目ぐらいからはその時期ともなると数日で予約が埋まってしまうような、お店の看板メニューの一つへと育っていった。

しかし二〇一四年、一つの問題が持ち上がった。川上さんの「卒業」だ。

「卒業」なんて言葉を使うのは、少し気恥ずかしいようだが、なかなか他にいい表現が見つからない。

その年の六月末をもって川上さんは退職し、次なる道へと巣立っていった。九五年、お店を、会社を支えてくれた彼女の不在はもちろん各所で大きなダメージだったのだけれど、クリスマスのビーフシチューをどうするか、というのも大きな悩みごとの一つだった。

——というか実際には一切悩まず、二〇一四年のクリスマスはビーフシチューを提供しないことに決めた。

ただ一方で、コトはそんなに簡単ではないとの思いもあった。楽しみに待ってくださっているお客さんがいることも想像できたし、経営的にも一日の売上が二〇万円を超えるのは当時、一年を通してこのクリスマスの時期くらいで、それを失うことも大きな痛手だった。

川上さんはレシピを残してくれていたし、五年間、作る過程をそばで見てきてもいるから近いものを作り、出すこともまったく不可能なことではないように思われた。

ただ、続ける気持ちにはならなかった。なぜなら、川上さんがいないから。

ビーフシチューに溶け込んでいるもの

そもそもビーフシチューを始めることにしたのにはきっかけがあった。P．156～157は、二〇〇九年一二月二二日の川上さんによるブログへの投稿（一部、改編）。

このブログに出てくる、そのシェフの名前は片山さん。何十年にも及ぶ、文字通り血と汗の沁み込んだ秘伝のレシピを教える。それは普通考えられないことだ。

川上さんによるのブログへの投稿

（前略）
さて、店主の影山の投稿にもあるとおり、
今年のクリスマスは、ビーフシチューをやります。

夕方に、デミグラスソースの仕上げをしました。
大きな鍋でことこと煮てきたお肉や野菜を漉して、
味をととのえて、あとは、煮詰めて、寝かせて。
人間と同じ。ソースにも休む時間が必要です。

今日は、このビーフシチューにまつわるお話をちょっと。

あ、とても私的な話です。

ビーフシチューの起源とかではないので、あしからず。


そもそもなぜビーフシチューを？　というところから。


それは、クルミドコーヒーでクリスマスを過ごしたいといってくださる方へ、わたしたちも何か特別なおもてなしをしたいね、という話から始まりました。

そして、候補にあがったのがビーフシチュー。

以前、とあるレストランのシェフから教えていただいたビーフシチューのレシピが大切にしまってあったのです。


そのレストランは、わたしと父のお気に入りのお店。

食事をするときは必ずそこへ。座るのはキッチンが見えるカウンターの席。

定休日だったり、満席だったりすると、別のお店でご飯を食べても、物足りない気持ちになります。


父が大好きなのが、このお店で食べるビーフシチュー。

それまでどこで食べてもいまいちピンとこなかったビーフシチューですが、わたしも興奮気味の父に勧められて、すっかり虜になってしまいました。

ある日のミーティングでのこと

デミグラスソースを使ったメニューはどうかという話が出ました。
ひゃー！それはとても大変なことだと一瞬ひるみましたが、少しワクワク。
でも調べても調べても、デミグラスソースのレシピが見つからない。
やっと見つけたレシピも、なんだか頼りない。

それで、その話をそのお店のシェフにしてみたのです。よもやま話として。
そうしたら、思いもよらぬ言葉が。

「じゃあ、うちのレシピを教えてあげる」

心臓が止まるかと思いました。
だって、お店のレシピは大切な宝物のようなもの。
しかも、あのビーフシチュー。

レシピを話してくれるシェフ、必死で書きとめるわたし、つまらないので仲良しのお店の人としゃべる父。

すると、シェフがこんな話をしてくれました。

クルミドコーヒーを訪れて、気に入ってくださったのだと。
地理的に遠いから、競合にもならないしね、と笑いながら。

なんだかもう胸がいっぱいになってしまって。

それから少し時間が経って、
こうしてみなさんの前にビーフシチューをお出しできることになりました。

いざやってみるとなると、わからないこと・不安なことがたくさん。
そんなときも、朝夕問わず細かいアドバイスをくださるのです。
たくさんの経験にもとづいた一つひとつのコツやポイント。
励ましの言葉も、ビーフシチューの中に溶け込んでいます。

でも片山さんが笑顔でそう言ってくださったのは、それはきっと相手が川上さんだったからだと思う。片山さんのお店とともにずっとあった川上親子。その娘さんからの相談だったから、片山さんはきっとそう答えてくださったのだと思う。

川上さんが仕込みを続ける、とある日のこと。片山さんに教えてもらった通りにソースを仕上げようとするものの、どうしても味が決まらない。片山さんのシチューとは何かが違う。でも、どうしてなのかが分からない。

川上さんは片山さんに電話したという。

「片山さん、どうしても味が決まらなくて……」

「○○はやってみた？　○○はどう？」

「はい。でもやっぱり、片山さんのお店で食べるビーフシチューのような味にはならないんです」

「分かった、明日、そっちに行くよ」

そして翌日、片山さんは、ご自身こそ師走で忙しいはずなのに、神奈川県川崎市にあるお店を離れ、本当に西国分寺まで来てくださった。お店で出すビーフシチューには、時間や歴史や、人を思う気持ちや、そういったすべてのものが溶け込んでいた。

仕事に人をつけるか、人に仕事をつけるか

そういう経緯を見てきていたから、川上さんがいなくなったらもうビーフシチューはやらないと決めていた。

クルミドコーヒーでは、どんな仕事にもそれをつくる人の「存在」が感じられるものづくりをしていきたいと思っている。最終的にそれを受け取った人を癒し、鼓舞しうるのは、技術や知識ではなく、哲学や価値観ですらなく、それをつくり届ける人の存在だと思うからだ（この点については、西村佳哲さんの『自分をいかして生きる』から多大なインスピレーションをいただいている）。

コンビニのお弁当がおいしくないのは、味が悪いからでも、使っている食材の産地のせいでもなくて、きっとそれはそこに作り手の存在が感じられないからだ。反対に、娘のにぎったおにぎりだったら、それがどんなに不恰好だったとしてもきっと間違いなくおいしい。

だから、お店でのチャレンジの一つ一つの向こうには必ず誰かの存在があって欲しい。そのことをお客さんに説教臭く語ることはないにしても、そのモノやコトの向こうに、「この人がいたから」という、固有の存在としてのスタッフの顔が浮かぶようなことをしたい。

それは「人に仕事をつける」ということでもある。誰か特定の人に合わせて仕事が生まれ、その人を失うとその仕事自体が失われる。

経営学の教科書ではむしろ逆のことを教えられる。「仕事に人をつけよ」と。なぜなら、仕事を属人化させてしまうことで経営が不安定なものになるからだ。確かに、誰かが風邪をひく度に飛行機が飛ばなくなってしまうようでは一大事。そうせねばならない仕事の局面は確かにあるだろう。

ただ、「仕事に人をつける」――それを突き詰めていくと人はどんどん「替えのきく」存在になっていく。Aさんがいなくなっても、何事もなかったようにBさんが現れその役割を代替する。Bさんがいなくなったら Cさんが。そうして組織は淡々と回っていく。

しかしそのことを徹底すればするほどメンバーにとっては、「自分なんていなくなったって誰も困らない」と、自分の存在意義自体への疑念にたどり着く。

「一人一人が、かけがえのない存在である」なんてのは経営者としてはロマンチック過ぎる判断かもしれない。

けれども、少しはそう思える余地があったっていいじゃないか。

そう思うから、クルミドコーヒーでは「人に仕事をつける」。それぞれの人生から必然性をもって立ち上がってくる動機に機会を与える。だからお店が、その向こうにつくり手の気配が感じられるようなモノゴトで満ちる。

そして、メンバーが卒業するたびにお店の大事な何かしらを失っていく。

働き方の第三の選択肢

こうした店づくり、会社経営は、メンバー一人一人を「利用」するのではなく「支援」しようとする原則に立ったときの、当然の帰結のようにすら思える。

そして内部の「交換」原則がギブになることによって、外部（お客さん）とのギブの交換も無理なく自然に行うことができるようになる。

つまり、「支援し合う」組織づくりは、その過程において一人一人の個性をいかした働く人の満足感が高い経営を実現できる点においてのみ価値が高いわけではない。

そのことが外に向けての組織の生産の量と質とを高め、結果、組織としての高い売上や利益の実現にもつながり得るという点において、可能性を秘めているのだ。

クルミドコーヒーの評価として、ときに「一人一人がいきいきと働いている」「お店で働く一人一人の顔が見える」というように言っていただけることがある。

それは本当にうれしくありがたいことで、実際この間、お店が安定的な成長を遂げてくることができたのはきっと経営戦略がすぐれていたからとか、革新的な商品を扱っていたからとか、そういうことではなく、ひとえにメンバー全員の現場でのがんばりのおかげだと言うべきだろう。

世の働き方の選択肢は、ともすると「お金にはなるけれど、やりたいことではない（自分の主体性は発揮できない）」と、「やりたいことだけれど（自分の主体性は発揮できるけれど）、お金にはならない」の究極の二択に見えてしまいがちだ。

でも、働き方にも、それらの間の選択肢があってもいい。

「自分の主体性が発揮でき、大変だけれどよろこびがあって、経済的にも持続可能（かつ成長可能）」。

それを実現するカギが、組織の内部・外部両面にわたって、交換の原則をテイクからギブへと切り替えることにある。

自力本願と他力本願

ぼくがこういう考えに至った背景にも、メンバーの存在がある。

開業してから当初一年は、「自分がリーダーなんだから、自分がなんとかしなければ」と多くの荷物を勝手に背負い込んでいる感覚があった。ただやってみて分かったのは、自分がいかにできないことだらけかということ。

当時三五歳。それまでの経営コンサルティングやベンチャー支援の領域であれば、それなりの経験も積んでいるしそれなりの実績もあるし——自分に対しての自信もあった。ただ、ことがカフェ経営となると、コーヒーのことは知らない、ケーキもつくれない、季節の植物も分からない、棚の一つもつくれない……と、ないないだらけ。その自分の無能さに頭を抱える日々となってしまった。

だが結果的には、それくらいできないことだらけだったことが、逆に自分を吹っ切れさせてくれたところもあったように思う。「もう、まわりに助けてもらうしかない」と。

二〇〇九年末、「他力本願」という記事をブログに書いた。

現代語の中で他力本願とは、「まわりの力を頼みとすること」。「自分で何とかしようともせず、他人に頼りっぱなし」とあまりいい意味で使われないこともあるが、元々は仏教用語。自分なりの解釈も加えて言うと、「自分ひとりでなんでもできると思うな」と傲慢さを戒める言葉であり、「自分の弱いところは、まわりを頼ってもいいんだよ」と赦《ゆる》してくれる言葉でもあると感じている。

実際それまでの一年間、チームメンバーのみんなはそれぞれにそれぞれの持ち場で力量を発揮し、頼りないぼくを支え、お店を前へと進めてくれていた。その事実に励まされ、「ああ、弱みを見せてもいいんだ。頼ってもいいんだ」と素直にそう思うことができたのだ。

もっともその前段には「自力本願」がある。自分は自分で、自分にできるベストを尽くすこと。それがあるからこその「他力本願」であるわけだ。

そしてそれぞれを、より平たい言葉で表現するなら、「自分をいかすこと」と「まわりにいかしてもらうこと」と言うこともできよう。

「自分をいかすこと」「まわりにいかしてもらうこと」があるとすると、それに続くのは「まわりをいかすこと」だ。それが本章での「メンバーを支援する」発想につながっている。

つまり先にあったのは自分の中の負債感。

「ここまで一緒になって頑張ってくれているみんなのために、自分の方こそ恩返ししたい」——感謝の気持ちとともに、自然とそう感じていたのだ。

「自分をいかす」→「まわりにいかしてもらう」→「まわりをいかす」——自分の場合はそういう順をたどってエネルギーがシフトしていったが、きっとその逆をいく人もいるだろうと思う。

なぜなら本章でも触れたように、「自分はこれをやりたい！」と明示的に言える人は少ないだろうと思うからだ。ただ「まわりをいかす」、つまり「頑張っている人を応援する」ことにはエネルギーが湧くという人はきっといる。

たとえば店内の黒板を描くのに、ぼくがあまりに絵が下手なのを見るに見かね手伝ってくれたメンバーがいたとする（まわりをいかす）。その絵の上手さに感動したぼくは、お店で本や雑誌をつくる機会があるに際して、その人にイラストを描くことをすすめた（まわりにいかしてもらう）。そうしたやり取りを経て、その人は、自分が絵を描くことが大好きだったことを思い出し、そうした方面でも活躍の機会を自ら探すようになった（自分をいかす）。

「まわりをいかす」↓「まわりにいかしてもらう」↓「自分をいかす」。

これでいいのだ。自分が何をやりたいのか、自分の何に向いているのか、迷って動けなくなるくらいなら、まわりの頑張っている人を応援することから始めればよい。

そしてチームの中に一〇人のメンバーがいるとすれば、その組合せの数（四十五通り）だけ、「いかし」「いかされる」関係が生まれることになる。

クルミドコーヒーの七年間は、こうした互いに支援的な関わり合いが花開かせた一人一人の可能性によって、彩られてきたのだ。

コラム5

支援学と自己決定

「ギブの動機から始める交換」のことを「支援する関係性」と呼んでいるが、この「支援」という言葉には思い入れがある。

二〇〇六年発行、舘岡康雄著『利他性の経済学』の中で、「支援学」が提唱されている(「力のあるものが力のないものに施す」のニュアンスを避け、「対等な関係の中で新しい価値を立ち上げる」意を込めるため、「SHIEN学」と表示されることもある)。

同書中、「管理から支援へ」と、舘岡は自身の自動車メーカーでの業務改革の経験から言及している。

〝管理は自己中心の行動様式であり、支援は相手中心の行動様式である。(中略)管理関係は「させる/させられる」を交換しあっているのであり、支援関係は「してもらう/してあげる」を交換している。〟

背景には事業環境の変化の激しさがある。

かつてであれば会社内の経営企画部なりが事業計画を立て、社内各部署が計画通りに業務を遂行するよう「管理」を行ってきた。ただ環境変化が激しくなると、計画は立てたそばから陳腐化していく。それよりも情報がリアルタイムに入ってくる現場に権限を委譲し、現場間での相互支援体制で問題解決を図った方がいいと、仕事のやり方を大幅に改革したのだ。

そして問題の「解」の所在の変遷についても指摘する。

問題の解が自部門にある場合は、管理的な行動が功を奏する。ところがもし、その解が自部門と他者との間にある場合は協働が必要となる。そして解が他者に属する場合には、支援が必要となるわけだ。

このことは、クルミドコーヒーのキッチンとホールの関係を振り返ってみても納得感があった。たとえば注文された品の迅速な提供のためには、時にキッチンがホールのためにカトラリー類までセッティングしたり、反対に時にはホールがキッチンのためにグラスに氷を入れて置いておいたりするような「オーバーラン」が必要となる。

それぞれがそれぞれの持ち場での改善をやり尽くしたら、その先には互いの領域に手を伸ばし合うことが必要となるのだ。

その論の説得力は、こうした業務改革を経て、自動車メーカーが抱えていた兆を超える額の負債（借金）を四年で返済した実績によって裏打ちされている。

また舘岡は、人の心の問題についてもこのように語っている。

〝管理・統制の行動様式は、人間もモノに対するのと同じやり方で扱い、効率よく労力を出させることだけを強いている。もちろん、人は気持ちがあるから思うように動かないのであるが、だからこそ、その問題を解決するために管理技術が発達したのである。〟

ただその方式を突き詰めていっても、「たとえ対価・報酬を得られるとしても、誰かが決めた基準（計画）に従って自らを合わせさせられることには、どこかに『やらされ感』が残る」わけで、やがて閉塞感が組織を覆うようになる。

舘岡も「管理」は、「モノを大量に、安価に造る上で、大変に成功したシステムであった」ことを認めつつ、今や「人も、企業も、国家も、もはや自己の利益を追求する（そしてそのために他者を管理・統制しようとする）だけで、最大の利益をあげることはできない」時代に入ったと指摘する。

つまり、利他的な支援を行うことが自己の利得までをも最大化しうるということ――逆に言えば、自己の利得を最大化させたいと思うならば、利他的な支援が必須だと語るわけだ。

これもまた「情けは人のためならず」なのだが、それが経営学の現場感覚から導き出されていることに新鮮な驚きを感じた。

自己決定させよ。そして支援せよ。

それが一人ひとりの、これからの組織や社会の、生きる道だ。

同書は、そう背中を押してくれるのである。

第6章

「私」が「私たち」になる

「三つの円」

図2を見ていただきたい。

第二、四、五章で扱ってきた内容は、図に示す三つの円で整理ができる。自分の仕事上の仲間たちとの「第一の円」。お客さんとの「第二の円」。そして、地域との「第三の円」（ここでは経済活動を主軸に据え、ひとまず家族関係などは除外している）。

それぞれのフィールドにおいて「私」と「あなた」の交換関係（関わり合い）がある。そしてそれらの交換をいずれもテイクからではなく、ギブから始めてみてはどうか、もしくは、「利用する関係性」ではなく互いに「支援する関係性」の構築を目指してみてはどうか、というのが本書のここまでの趣旨だ。

そしてそれらの原則は、円をまたがって一貫している必要があるのではないかと検討してきた。

これらは、「私」が「私たち」になる過程ということもできる。

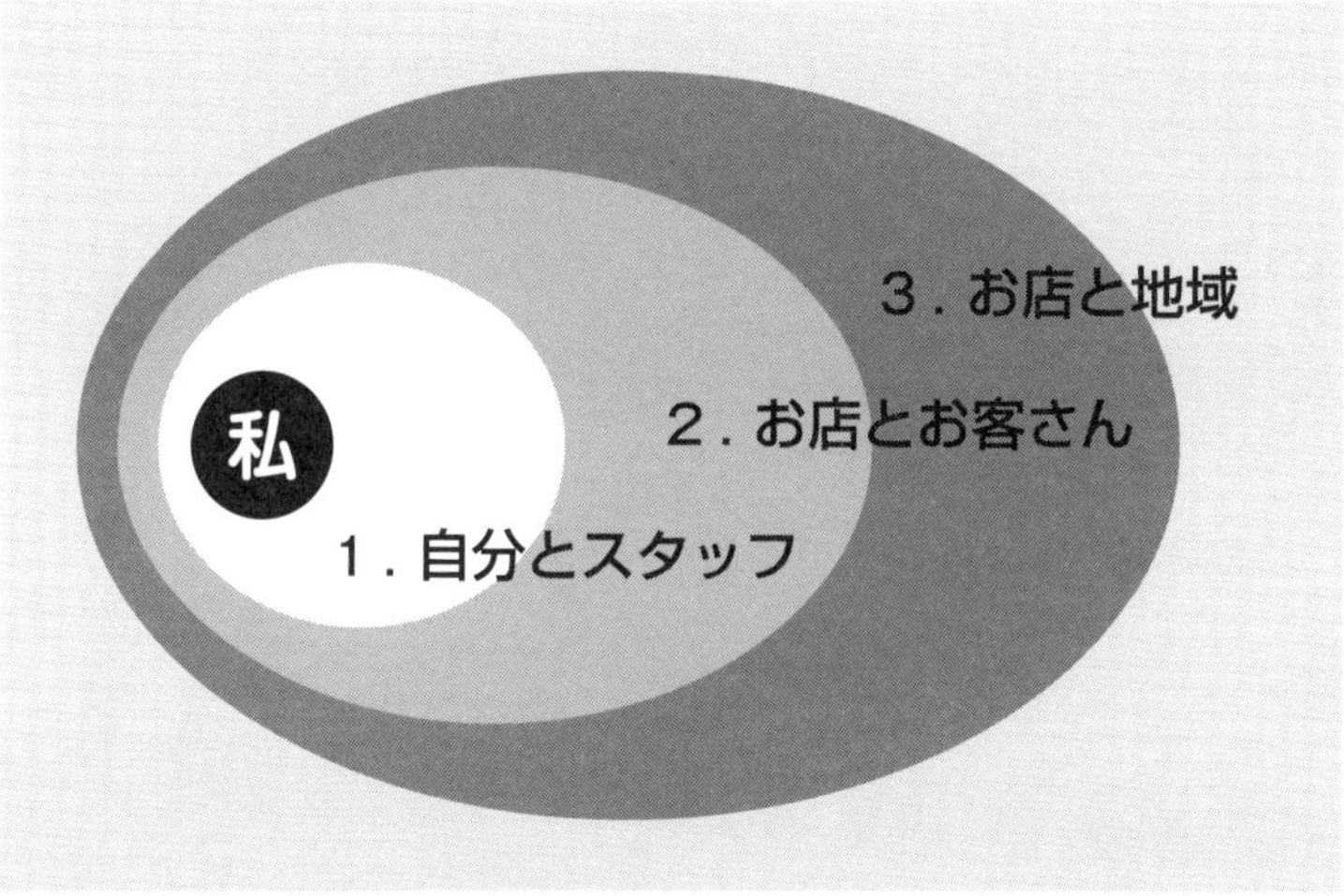

■図２：「私たち」の広がりを示す３つの円

というのも、ぼくらはついつい「会社」や「地域」や「コミュニティ」など、ある種の集団を物事の主語として考えてしまいがちな傾向がある。「われわれの会社は、今後どうあるべきか」「この地域の未来をどう考えるか」など。

ただそうしたアプローチでは、ともするとその集団を構成する個人は、集団のための手段となってしまいがちだし、また集団は多くの場合抽象的な存在で誰を指すかが曖昧だから、玉ねぎの皮をむいていったら誰もいなかったというような当事者不在を招いてしまうことさえある。

これは、「みんな」という主語を用いた場合も同じだ。

そこで物事の出発点を「私」にしてみる。

そして他でもない経済活動――「働くこと」や「ものを作り、売ること」、「お店を経営すること」といった一連の諸活動――が「私」を「私たち」にしていく。

これは「私」が経営者である場合に限らない。一人一人が「誰かに言われたから」ではなく、自らの自己決定に基づいてそこにいて、「私」の名の下で働き、お客さんと接し、地域と出会っていれば、同じことが起こる。

そして、この「私たち」が育っていくことこそ、社会づくりそのものではないかと思うのだ。

「私たち」とはどこまでか

ぼくやクルミドコーヒーのこれまでの経緯は、まさに「私たち」が広がってきた過程と捉え直すことができる。

二〇〇八年一月、ぼくは一人だった。

二月四日、「カフエ マメヒコ」の井川さんと出会う。

やがて、吉間君に会い、古橋君に会い、北村さんに会う。

こうして一人だった「私」は、他の「私」と出会い、少しずつ「私たち」になっていく。

一〇月一日、クルミドコーヒーのオープン。当初の一日あたりのお客さんの数は、五〇人ほど。苦戦しながらも中には繰り返し訪ねてくださる方も現れ、そうした方々にお店が支えられていることを感じ、自分にとっての「大事な人」の範囲は広がっていく。

二年目、三年目、四年目……。チームに新たに加わってくれる仲間が現れ、幸いなことにお客さんの数も徐々に増えていく。

そして二〇一二年、地域通貨「ぶんじ」の取り組みをきっかけとして、それまでその存在は知りつつもほとんど交流のなかった地域の中の他のお店や農家さん、デザイナーさんや地域福祉に取り組む人たちなど、「私たち」の範囲はぐっと広がる。

今やときには、その「私たち」のイメージとして、隣の国立や立川、小平や小金井の仲間たちの顔が思い浮かぶこともあり、その半径が少しずつ広がっていることを感じている。

「私たち」が広がるということ――それはすなわち「私」にとって「大事な人」の範囲が広がるということであり、他人事ではない関心を持つ社会の範囲が広がっていくということだ。「私」の範囲が広がると言ってもいい。私のまわり、それもまた自分の一部だという具合に。

たとえば今、ぼくは西国分寺に対して愛着を感じている。ただそれは「西国分寺」という何か抽象的な存在に対して感じているということではなく、あの人とこの人とその人と、といったきわめて具体的な一つひとつの「私」の集合体としての地元に、そしてそれらを存在たらしめてくれている総体としての地元に、愛着を感じているのだ。

そして、この愛着は最初からあったものではない。日々お店を営業し、お客さんと出会い、新たな縁や関係性に出会うたびに、この愛着もまた育ってきたものだといえる。

そして今では、そうした縁や関係性は、自分の一部だという感覚ですらある。

企業の社会的責任？

CSRという言葉がある。Corporate Social Responsibility の頭文字を取ったもので、「企業の社会的責任」の意。今や大企業の中では、それ専用の部署ができることもあるくらい一般化してきた用語だ。

この言葉、よく考えれば少し不思議なものでもある。

企業の通常の経済活動は社会的なものではないのか？

実際こうした問いへの一つの回答として、「本業を通じた社会貢献」を宣言し、実際にそれを実践している企業もたくさんある。

一方で各社のCSR報告書をながめてみると、必ずしも本業とは関係のないところで、イベントやコンサートへの協賛、植林活動、発展途上国に学校をつくる……等々といった活動事例を見つけることもできる。

もちろんこうした企業の貢献によって救われている価値はたくさんあり、その意義が称えられることはあっても、低く見られるべきものではないと思う。

ただぼくが関心を持っているのは、こうした用語が時代の中でなぜここまでの市民権を得てきたのかということだ。

この謎は、以下のように説明することはできまいか。

企業の活動目的の中で、「売上・利益」の占める割合が高くなってくると、それだけ顧客との関係、従業員との関係、自然環境との関係、社会との関係は手段化し、「利用（テイク）」する対象となる。そして「利用（テイク）」された側には、収奪されたダメージが蓄積する。いくらそれが契約的合意に基づいた相互取引だったとしても、今や大企業のパワーは一個人のそれとは比べるべくもない。

したがって、こうは言えまいか。

CSRとは、「利用してきた者」による「利用されてきた者」への還元活動である、と。

もし企業の活動が、本気で顧客を、従業員を、自然環境を、社会を「支援（ギブ）」するものであるなら、その本業以外にCSRという用語が登場する余地がこれほどまでにあるだろうかと思うのだ。

また企業にとって顧客が、従業員が、自然環境が、社会が、「私たち」、もしくは「自分の一部」としてすら認識されるような大事な存在としてあるのなら、そこに貢献することは自らの存在理由そのもの——その貢献が、短期的に会社の売上・利益、あるいは広報効果などにつながらなかったとしても、「自分の一部」を守ろうとすることは、極めて自然で合理的な行動でさえあると思うのだ。

それとも企業は、「私だけ」においてここに存在していると考えているのだろうか。

伸び縮みする「私たち」

二〇一一年三月一一日。東日本大震災。

ぼくは三月二五日に緊急支援ボランティアで被災地に入った。

一九九五年の阪神・淡路大震災のときには「動かなきゃ」と頭で考えながらに、実際には動けず、悶々とした日々を送ったことを覚えている。なのに、このときばかりはフットワーク軽くスッと動けたことが、当時、自分自身不思議なくらいだった。

それはきっと、クルミドコーヒーをやってきていたからだと思う。

不思議なことに、その瞬間、被災地のことが「自分の一部」と感じられたのだ。

東北地方と直接の取引関係があったわけではない。仙台にこそ親類縁者はいるもののぼくにとってはそれほど近しい関係ではなかったし、ましてや三陸地方には何のゆかりもない。

ただお店をやっていると、スタッフ、お客さん、取引先……、色んな縁に支えられて自分があるということを日々実感するようになる。

ぼくは自分一人においてここに在るわけではない、と。

それでも普段は、ぼくにとって「私たち」「大事な人々」の範囲は、広げても多摩地方という感覚なわけだが、東日本大震災のような未曾有の事態が発生するとその刹那、「私たち」の範囲はぐっと広がる。あまりの被害に、あまりの生々しさに、それを他人事とは思えなくなるのだ。

実際、日本中の多くの人がそう感じたからこそ、あれだけの義援金やボランティアが被災地に集まったのだと思う。お店をやってきていたぼく——多くの人の縁に支えられて自分が在ることを実感していたぼくは、より身体的に被災地のことを「自分の一部」と感じられたのかもしれない。その一六年前には、そうは感じられなかったことなのに。

気が付いたら被災地にいた。

もちろん様々な葛藤や躊躇はあったし、それなりの段取りを組んで現地入りしてもいるわけだが、ボランティアセンターのテントの中、寝袋に入って凍えながら眠りにつくとき不思議な感覚だった。自分の身体が自然に動いたことが。

「私たち」の範囲は伸び縮みする。

震災時のようにそれがぐっと広がることもあるし、逆にそれがぐっと縮まって「私」しか視界に入らなくなるようなときもきっとあるだろう。それでいいのだと思う。

ただ、そうした伸び縮みの往復運動を続けるうち、少しずつでも「私たち」の範囲が広がり、自分にとって大事だと思える人々や環境の半径が広がっていくとするなら、それは当事者意識をもって見ることのできる範囲が広がっていくということだ。

そして「私」が「私」として働き、日々「私たち」になる経験を積み重ねることほど、そこへの近道はないと思うのだ。

経済活動は関係性を破壊する？

お店と（地域）社会との関係は、植物と土の関係に似ている。

植物（お店）が育つためには土（地域社会）が必要であることは言うまでもない。土から水を吸い上げ、栄養を吸収し、植物は育つ。

ただ植物（お店）は同時に根を張り、ときに菌を寄生させ、花や実をつけ、葉を落とし、土壌（地域社会）を豊かにする。

どちらかがどちらかを一方的に利用（テイク）する関係ではない。互いが互いを支援（ギブ）し合い、結果生み出される豊かさを互いに分け合っている。

これは、お店がスタッフを支援し、お客さんを支援し、地域を支援し、また逆にそれぞれから支援をされ、互いに育ち合う関係と同型のものに見える。

つまり、支援（ギブ）する経済活動は、地域社会という土壌、関係性という土壌を育てるのだ。

自分はクルミドコーヒーをやるまで、むしろ逆に理解していた。

たとえば地方都市に大型のショッピングモールができる。その結果、昔からの商店街はさびれるし、個人のお店（商店に限らない）は相次いで廃業に追い込まれる。でもそれはそれで便利だし、日常のちょっとした娯楽にすらなりうるから、人々の支援を受けそうした現状が固定化されていく。ただ気が付いて冷静に振り返ると、まちから「生産」は失われ「消費」一色となり、個人のお店を通じてであればあったような、個人と個人との関わり合いも失われていく。生活に関連する様々な「サービス」は大手事業者に依存するようになり、ますますお金が手放せなくなっていく……。

あるいは、会社をやるに際して友人を招き入れた。それまでなんでも腹を割って話せる大事な友人の一人だったが、事業の成功への文脈ではその友人の「利用価値」ばかりに目がいくようになり、目標を達成できないときなどは気が付けばなじっていた。その友人はやがて会社を離れたが、もうそこにはかつてのような友情も存在しなくなっていた……。

つまり経済的な活動は、関係性を壊すものだと考えていた。
本当はそれは、経済のありようの問題だったのだ。
互いが互いを利用し合う交換の集積は、関係性を破壊する。
それは、肥料や農薬を過剰投入した農業が土壌を破壊するように。

一方、互いが互いを支援し合う交換の集積は、関係性を育てる。お店を続けることが社内の関係性を育て、地域の関係性を育て、その関係性によってお店も育ててもらえる。

お店とは、関係性という名の土壌に育つ植物なのだ。

植物界、自然界がそうしたメカニズムにおいて持続可能となっているのに、人間界、経済界だけが違うメカニズムで持続可能たりうるとは、とても思えない。

日曜からスッキリしない、クルミドの「朝モヤ」

少し場面を変えて考えてみよう。

日曜日の朝九時。その日が晴れだろうと雨だろうと、暑かろうと寒かろうと、ときに遠くは千葉や横浜からも、毎回顔ぶれの異なる一〇名ほどの参加者が集まってくる。

「それでは今日話し合うテーマについても、みなさんに決めていただきます」

このイベント名を「クルミドの朝モヤ」という。考えてみれば相当に不思議な会だ。コーヒー片手に、カフェで哲学的なテーマについて議論する会。「哲学カフェ」と呼ばれるようなこともある。

そこでは、ぼくは進行役を務める。

自己紹介を経て、テーマ決めへ。「最近、自分がモヤモヤしていること」「他の人の意見も聞いてみたいこと」——疑問文の形で「問い」を出し合うのがルールだ。

「『よい』と『悪い』は誰が決めるのか?」
「こどもと大人の境界線はどこにある?」
「人生に文学は必要か?」
「成功ってなに?」

毎回、五〜一〇個もの問いが場に出される。

こうした「問いを設定する」行為自体が実はとても難しく、また大事な過程だ。「きちんとした問いが設定されさえすれば、問題の半分は解決したようなもの」と言われることさえある。それぞれ、言葉にならないモヤモヤをぽつりぽつり吐露しつつ、まわりからのサポートも得ながらしっくりくる疑問文を探していく。

朝から議論で賑わうフランスのカフェ

焦らずじっくりこの過程に時間をかける。四〇～五〇分ほどが経過した頃、挙げられた問いの中から、その日の参加者がピンときている風の話題でもってその日のテーマとする。そしていよいよ本題に入る……。

こうしたカフェを使った対話の場づくりの発祥はパリだ。

ぼくらも二〇一一年一一月、スタッフ一〇人ほどでパリのカフェをめぐった際に、Cafe des Phares というお店で実際に体験した。

日曜日の朝だというのに店内は六〇～七〇人もの人であふれ返っている。中には立ち見の人も。顔ぶれはまさに老若男女。赤ん坊を抱えたお父さんもいる。ぼくらを含め国籍も多種多様な空気の中、その日選ばれたテーマは「正義のための暴力は許されるのか？」だった。

ぼくらは随所を通訳してもらう範囲での参加だったし、テーマもテーマだ。議論の細かな推移にはついていけなかったが、こんな話題でもときには笑いも起こり、みなが楽しそうに議論している様子が何より印象に残った。

そのやり方や意義などについて十分な整理はつかないままだったが、翌年一月、ものは試しとぼくらも始めてみることにした。

実は始めた当初、この会のことを「クルミドの朝」と呼んでいた。

ところが二〜三回ほど参加してくれた参加者から「『朝』っていう、そんな清々しい感じじゃない」「むしろモヤモヤする」と言われたことから、以来「クルミドの朝モヤ」へと名称変更した経緯がある。

当初はこんなイベントに人が参加してくれるだろうかと不安もあったが、開催してみたら、とても多くの人が興味を持ってくださり、毎回平均して一〇名前後、多い時には二〇名近くもの方が参加してくださる集まりとなっている。

聞くこと、そして違いを楽しむこと

ただやはり、こうした場づくりにはコツがある。

二時間に及ぶこの対話の時間を気持ちのいいものとするために、自分からは会の最初に二つのお願いをしている。

それは「話すより聞くこと」と「違いを楽しむこと」。

つまりこの場は、誰かが誰かを説得し、何が正しいか、誰の意見が正しいかについて結論を出す場ではなく、互いが互いの意見に耳を傾けることで、それぞれがそれぞれに新しい気付きを得たり認識の広がりを得たりすることを趣旨とした場なのだと伝えるようにしているのだ。

これは「支援の話法」と呼ぶこともできる。


通常、議論の場においては「自分の主張を通す」「相手を自分の思うように動かす」ことに力点が置かれ、そうした思考技術・コミュニケーション技術に長けた人が評価される。これは「説得の話法」だ。

ただ、哲学カフェはそうではない。

もちろんそれぞれに自己主張もするが、それは自分の意見を通すためというより、場に一つの視点を提供するためだ。それは、場にいる他の参加者の思考を刺激する。そして「聞く」ことでそれらの思考は場に引き出される。

やり取りの中、自分と異なる見解が提示されれば、「ああ、そういう見方もあるか」と、自分の認識を広げるチャンスと捉える。そういう互いのコール&レスポンスを重ねる中から、参加者は場と対話し、自分自身とも対話する。

二時間後――。

それぞれ各種のモヤモヤを抱えながらも、でも少なくとも来たときにはなかった何かしらの発見や気付きを携えて家路につく。中にはもう少し続けたいと、互いに初対面であることすら忘れて、そのままお店でお茶をしながら議論を続けていくグループもある。

回数も気がつけば百回近く。今では自分も、この「クルミドの朝モヤ」のような対話の場にこそ、これからの経済・社会づくりのヒントになるものがあると考えるようになった。

お店を通じての「支援の話法」

なぜなら、経済活動も一つのコミュニケーション、一つの対話と捉えることができるからだ。

たとえばお店があって、お客さんがいて、コール&レスポンスを重ねる。

「テイクから始まる」「利用する」経済活動は、先の「説得の話法」に通じる。

つまりお店にはお店としての主張であり狙いがあり、やり取りを通じてお客さんを「動かす」ことを目指す。もっと直接的に言えば、モノを「買わせる」ことを目指す。

だからお店は「話す」ことに意識を持ち、ときに「自分たちの商品やサービスがいかに素晴らしいか」を語るに忙しく、積極的だ。

また「ターゲットは誰か」という言葉遣いがよく使われ、「違いを楽しむ」というよりは自分たちの価値訴求やメッセージにマッチする集団を想定し、コミュニケーションの効率を高めようとする。お店のマニュアルにないような振る舞いをし、要求してくる客は「イヤな客」「どちらかというと避けたい客」だ。

これはこれで、お店の「お客さんにモノを買わせ」「売上を上げる」という目的には沿った、合理的なコミュニケーションアプローチだ。

ただこれはお客さんを防御的にもする。

お店が本心では自分のことを思ってコミュニケートしてきているわけではないことを分かっているから、お店側の発信を疑いの目をもって見て、さらにできることならよりよい条件を引き出しての交渉の妥結を目指す。

こうしていわば、お互いがお互いのことを「できるだけ聞こうとしない」「どちらかというと疑いの目をもって見る」関係が「育って」いく。

一方、「ギブから始まる」「支援する」経済活動は、「支援の話法」に立つ。

お店で一杯のコーヒーを出す。これは、こちらの意見を述べることに通じる。これはこれで大事な対話のきっかけだ。ただ自分たちの主張を通し、相手をこちらの意の通りに動かすことを目指すものというわけでもない。

むしろ「ぼくらはぼくらでこう考えるけど、どう?」と差し出してみる感じ。それに対してお客さんも返してくれるだろう――「うんうん、なるほどね。だったら、こんな見方もできるかもしれないよ」「自分はもっとこういうのがいいと思うけどな」。

言葉でお客さんがそう言ってくれるわけではないとしても、ぼくらは、テーブルに残るコーヒーカップや、メニューごとの注文数、お客さんの帰り際の表情などを通じ、お客さんの声に耳をすます。

そうして店と客、それぞれがそれぞれの気付きを得ながら、互いの周波数が合うところを探していく。その結果たどり着いた一杯のコーヒーは、互いの信頼関係の証だ。

また「違った」お客さんとの遭遇や、「想定していない」お客さんの振る舞いは、当初違和感を覚えることがあったとしても、長い目で見るとお店の可動域を広げ、成長させてくれるきっかけになる。

つまり前章までで「ギブ／支援する」とは、「贈る行為」と「受ける行為」から成り立つと、どちらかといえば分解して語ってきたが、より実態的には、贈る中に受ける行為があり、受ける中に贈る行為があるような、相互浸透的で対話的なやり取りなのだ。

お客さんはお客さんとしてあるようで、その姿勢が「支援の話法」に立つ限り、実はお店のつくり手でさえあるということだ。

「話すより聞くこと」と「違いを楽しむこと」――支援の話法に立った交換は、店と客、お互いを引出し、お互いの中に気付きを生み成長を促し、お互いの信頼関係を育て、お互いへの興味・関心をも育む。

そしてそのことは、店とスタッフ、店と店など、あらゆる「私」と「あなた」の関わり合いに当てはまることだろう。

これこそが「関係性を育てる」「関係性によって育つ」ことの実体であり、それは日々一つ一つの支援的な対話によって構成されているのだ。

不自由な共生から、自由な孤立へ

ここまで「『私』が『私たち』になる」や「支援の話法」といった言葉で、関わること、関係性をつくることを肯定的に検討してきた。

ただ一方では、「関わるなんてこりごり」という感覚を持つ方もいるのではないか。

実際、「つながり」「絆」、さらには「コミュニティ」「ソーシャル・キャピタル（社会関係資本）」——これらの表現は、今の時代の頻出語句と言っていい。でも、これらの語句はどこか胡散臭くもあり、かつてぼくらがその煩わしさに苦労したものでもあるように思われ、一概に信じていいものなのかどうか……。

関係性のつくり方について、ぼくは二つのものがあると考えている。図3を見ていただきたい。

一つは左上の象限。「不自由な共生」関係。

かつてあったコミュニティはこの象限に属するものだろう。ムラ型のコミュニティと言ってもいいかもしれない。

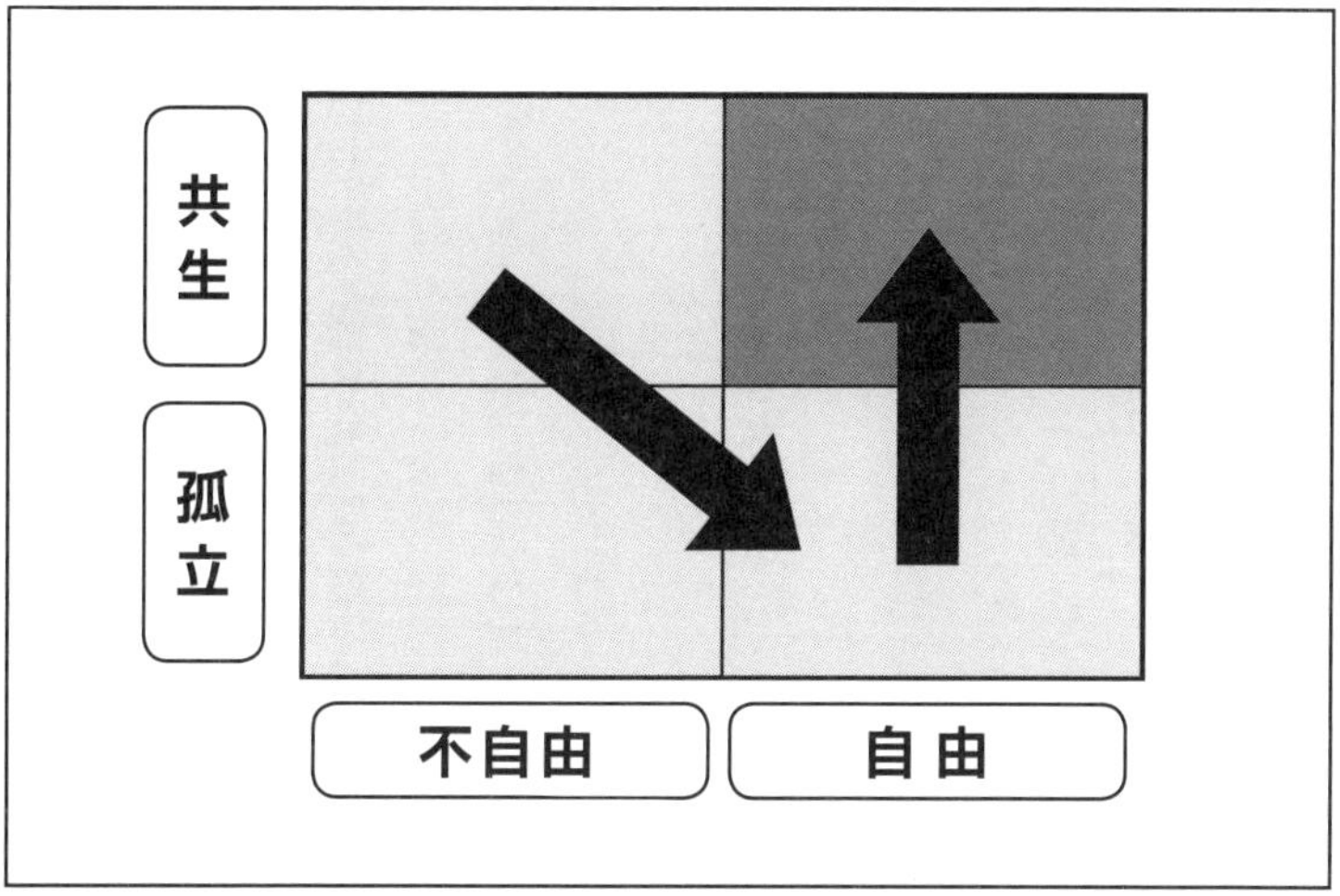

■図３：関係性のつくり方

かつて地域には関わり合いがあり、それがもたらす助け合い、安心感があった。ただ一方、それは不自由を伴うものでもあったろう（それが必ずしも悪いという意味ではなく）。

まず多くの場合、「関わらない自由」が担保されていない。

町内会だったり、青年会だったり、防災会だったり、そうした地域活動には、ほぼ自動的に加わることが想定され、関わらない選択肢は認められない。

また関わり合いの中で「自由に自分の意見を言い、行動する」ことには困難が伴う。どうしても年長者、居住歴の長い人、男性の意見が通りがちで、若者や女性は自分の意見を言うことをそもそも期待されていなかったり、それまでの地域の常識や慣習にそぐわない意見を言うと、白い目で見られたりする。ましてやそうした「違うこと」を始めたりすると、変わり者扱いされ、地域の中での居場所を失うことにもなりかねない。何しろ、長いものには巻かれろ――みなが地域の常識や慣習に添って振る舞うことでその関わり合いの安定感は実現される。

それが嫌で、人は都会に出た。自分のことは自分で決め、まわりから過剰に干渉されるのはイヤだ。まして有形無形にコントロールされるのなんて、まっぴらごめんだ。

つまり人は「不自由」から「自由」を求めた。結果、「孤立」した。そういう因果関係なのではないかと思う。誰しも孤立（上↓下）を求めていたわけではなく、求めていたのは自由（左↓右）だったはずなのだ。そしてそれを手に入れることと引き換えるように、周囲との関わり合い、共生関係を失った（右下の象限）。

「自由な孤立」――それはそれで快適でいいという人はたくさんいる。

確かにまわりの助けは得られないけれど、それもお金があればなんとかなる。むしろあの関わり合いの煩わしさや面倒さを考えたら、それに戻るなんてことは考えられない。

「私は私、あなたはあなた」でいいじゃないか。

原因か結果か、一人暮らし世帯の増加（東京では世帯のほぼ半分）や、非正規雇用形態の増加がその傾向に拍車をかける。それが今という時代なのだろうか。

「自由」は手に入れた。ただそれは同時に、すべての物事を「自己責任」でなんとかしなければならないということでもある。「お金がなくなったら」と考えると相当に不安だ。

年間三万人超の自殺者、増える孤独死・無縁死、上昇する未婚率、出生率の低下、保育・介護の外部サービス化、政治への無関心――社会から関係性は失われ、それに由来する様々な問題が顕在化する。


「家への帰り道、犬に吠えられた。うれしかった」と言う人がいた。

満員電車に乗り、足を踏まれても謝ってもらえるでもなく、職場で同僚とすれ違っても挨拶もなく、コンビニではベルトコンベアのように扱われ、自宅に帰っても一人――自分が透明人間にでもなったような感覚。「でも犬は、自分に反応してくれた」と。


そうした状況への一つの自衛の策が、「気の合う仲間とつるむこと」なのだろう。ただそのすぐ隣では、「気が合わなくなったらつるめない」ことが待ってもいる。

いずれにせよ「気が合わない」「意見が合わない」などの「違い」を乗り越えるすべを互いに身に着けることなくしては、関わることは常にある種の同調圧力を伴う。

――「じゃあ、ひとりでいい」。都会の孤独は癒されることがないのか。

他人と共に自由に生きる

そもそも「自分のことは自分で決められる」「まわりから干渉されない」とは、自由ではあったとしてもそれは基本的には自分ひとりの自由――いわば「小さな自由」とでも呼ぶべきものだ。

それとは別に、他人と共にある自由――「大きな自由」が構想できないか（右上の象限）。他者と関わり合うことで、自分一人では実現できないようなことが実現できるようになる。自分の「利用価値」や「機能性」でなく、「存在そのもの」を受け止めてくれる他者がいることで、素の自分に戻れる場所がある――こうしたことはいずれも、一人である限りは得られない種類の「可能性」だ。

ただこうした前向きな関わり合いを実現するにはやはりコツがある。

――それが「支援の話法」。

「話すより聞くこと」と「違いを楽しむこと」だ。

こうした関わり合いは、もちろん過程での摩擦やすれ違い、ときに感情的な対立なども内包しながらも、基本的には「楽しい」ことでもある。

哲学カフェ――「クルミドの朝モヤ」がそうであるように。

そしてお店での一杯一杯のコーヒー、一皿一皿のケーキだって、それが支援の話法に立つ限り、大きな自由への入口になりうると信じている。特にそれは、「コーヒー一杯六五〇円」というような分かりやすく、ある意味ドライですらある合意を関係の端緒にしている分だけ、より多くの人に取っ付きやすいものであるかもしれない。そしてそれは毎日毎日のことだ。その繰り返し、積み重ねは、時間の経過とともに大きなインパクトを生む。

他人と共に自由に生きる――この一見すると矛盾するような関係性は、二〇世紀という「自由」の時代を経てたどり着いた、おそらく人類史上、過去にほとんど先例をみないような象限なのではないかと思う。なんとチャレンジしがいのあるものか。
そしてその先に、先の図でいう右上、右下、左上を自由に行き来できるような状況が実現できたならば、それこそが本当の自由なのかもしれない。

公・共・私

英語でいう「パブリック」を表現するために、日本語では「公共」という用語を用いるが、本来「公」と「共」とは別のものであるはずだ。

「公」とはお上であり行政、国や地方自治体を指す。かたや「私」という個人の領域があって、「共」とはその間。

ただ日本では歴史的に、自治会や町内会、商工会など、どちらかといえば行政主導で編成されてきた「共」がこの中間領域を受け持ってきた。そしてそれらがいま機能不全に陥り、社会全体がいわば「共」不在の状況となっている。

そこで「私」からボトムアップする形での「共」——つまり本章でいうところの「私たち」を編成し直してはどうかと思うのだ。

そしてそのためにはきっと空間的な備えがあるといい。

「私」と「私」が出会って、互いを生かし合って「私たち」を形成する場。

かつてであれば縁側がその役割を果たしたかもしれないが、今やそれはコンクリート塀やマンションのオートロックに取って代わられた。道は自動車に奪われ、公民館は内輪なサークル活動の会場となった。

そこにカフェが担える役割がないだろうかと思う。

そんな想像もふくらませながら、今日も店を開ける。

コラム 6

東京にはパブリックがない?

東京には「パブリック」がないと感じることがある。

自宅の扉を開ければ、その先は公共空間ではないかと言われる向きもあろう。ただその様態に目を凝らしてみると、道行く人はスマートフォンで目をふさぎ、iPodで耳をふさいでいる。すれ違いざまに肩がぶつかっても謝るでもない。

これは、みなが「プライベート」をまちに持ち出しているだけではないのか?

そう考えれば、電車の中で化粧をする人を見ても、床に座って弁当を食べる人を見ても、もうあまり驚かなくなる。

路上に財布が落ちていても誰も持ち去らない、電車の網棚にバッグが置きっ放しになっていても誰も手を伸ばさない。こうした状況を称して「日本人はマナーがいい」という人がいるが自分にはそうは思えない。

それは「関わりたくない」だけなのだ。

まちにある自分は、周囲にあるはずの他者との関わり合いを想定していない。だから今の東京では、「プライベート」が傍若無人にまちを闊歩している。

カフェは「サードプレイス」だという言われ方をすることがある。

これを言い出したのはアメリカの社会学者レイ・オルデンバーグで、一九八九年に「The Great Good Place」の第一版が発行されている。ファーストプレイスとしての自宅、セカンドプレイスとしての職場、そしてその間のインフォーマルな生活領域として、カフェやパブ、図書館、公園などの「第三の居場所」をまちの中にデザインしてはどうかという提案だ。

そもそものオルデンバーグの意図はそういうことではなかったが、いま日本でサードプレイスというと多くの場合「一人になれる場所」が想起される。家庭や職場での煩わしい人間関係から解放されて、一人になって本が読める、一人になって仕事や勉強ができる場所としてのカフェ。

そこでの主語は「私」であって、「私たち」ではない。

となると、「私」と「あなた」とが思いがけず出会い、互いに重なり合いの領域をつくりながら、互いを引き出し合う、そうした可能性の場に新しい名前をつける必要があるのではないか。

――たとえば「パブリックコモン」と。

古代ギリシャには「アゴラ」があり、古代ローマには「フォルム（forum）」があった。それは政治を語る場であり、経済取引の場であり、文化が生まれる場でもあった。日本でも神社や寺が、そうした関わり合いの舞台としての役割を果たした時期があったろうし、「辻説法」という言葉があるように、道自体がひとつの広場であったこともあったろう。

そうした「共有地」の必要性について異議を唱える人は少ないだろうと思われる。ただ問題は、現代社会においてどこがそうした場になるか、だ。

カフェにも大きな可能性があると考えている。

第7章

「時間」は敵か、それとも味方か

「五〇年続くお店にしたい」

クルミドコーヒーが営業を開始する前日の夜。お店づくりに関わってくださったみなさんが集まっての前夜祭（？）が行われた。

外の看板の取り付けは終わっていなかったし調理のトレーニングもほとんどできておらず、自分を含めたスタッフの胸中には不安の方がより多くを占めていたかもしれない。でもそれでもいよいよ船出の時を迎える。そうした高揚感が店内の空気を満たす中、自分があいさつをするタイミングがきた。

何を話すか、ほとんど何も考えられないままその場に立った。出てくるのは「カフェマメヒコ」の井川さんを筆頭として、その場にいたお店をつくってくださった方々への感謝の言葉。そして……。

「クルミドコーヒーを、五〇年続くお店にしたい」

どういうわけか自然と、そんな言葉が口をついて出た。とんでもない手間と時間のかけ方をしてつくってくださったお店。そのことを自分も感じていたから、簡単に潰すわけにはいかないという気持ちが自分にそう言わせたのかもしれない。その場にいた方々への「約束」というニュアンスで、そんなあいさつをしたように記憶している。

一方で、このあいさつは自分にも大きな影響を与えた。

五〇年後には、自分はもうこの世にいない可能性が高い。そう考えたとき気付いたのだ。自分は自分の余命をも超えるような長いスパンのチャレンジを始めようとしているのだと。

それまで経営コンサルティングや投資ファンドの仕事をしてきて、毎月の予実管理や四半期決算に意識を奪われる日々からは、ちょっと想像がしにくい時間軸の話だ。

果たして、自分はクルミドコーヒーを、「よろこんでこのお店を引き継ぎたい」と言ってくれるような人が現れるお店に育てられるのか。五〇年後のお客さんにもよろこんでもらえるような、本質的な価値を提供するお店に育てられるのか。

これはもう自分の損得とかそういう次元のことではない。未来の仲間たちのために、未来のお客さんたちのためにやる。自分の発した言葉がブーメランのように自分に突き刺さり、受け取ったものを次に贈らねばという使命感が、自分の中で作動を始めた。

そこにある、目に見えないもの

前夜祭には当時まだ一歳になりたての娘も連れて行った。

お店の地下にある、樹齢三〇〇年の栃の木の一枚板のテーブル。その脇に座らせたとき、彼女はきっとそれという意識でもなかったのだろうが、片手でそれを撫でた。その様子が自分には「気持ちいいテーブルだね」と彼女が言っているように思えて、明日からやっていける気持ちになれたことを覚えている。

以来その席は、自分にとって特別な席だ。

お店を始めてから七年が経つと、お店のあちらこちらにこの間の思い出が積み重なっていく。

あの人と初めて会ったのはこの席だったな。

この棚は、あの人が作ってくれた棚だ。

お芝居ではこの席がステージになったんだったっけ。

〇年前にはあの人が、ここであの曲を弾いてくれたんだよね。

空間だけではない。あのお客さんとの思い出も、あのスタッフとの思い出も、お店に蓄積していく。だから自分は今、その七年分の澱とともに席に座り、七年分の記憶とともに空気を味わう。

そしてそれは自分だから感じられる、もしくは自分にしか感じられないようなものではきっとなく、初めて来店してくださったお客さんにも、明示的・言語的にではなかったとしても、そこはかとなく伝わっていくようなものなのではないかと思う。

自分たちはまだ七年だけれど、五〇年続いたお店や一〇〇年続いたお店には、やはりそうしたお店にしか出せない風格みたいなものがある。

それが長くお店を続けるということだろうし、長く続いたお店だからこそ持ちうる目に見えない貴重な財産なのだろう。

傑作は、最初から傑作なのではない

つまり、時間はお店の味方になり得るということだ。

ウンベルト・エーコ、ジャン＝クロード・カリエールの対談集『もうすぐ絶滅するという紙の書物について』（CCCメディアハウス）の中にこんな記述がある。

〝書物の一冊一冊には、時の流れのなかで、我々が加えた解釈がこびりついています。我々はシェイクスピアを、シェイクスピアが書いたようには読みません。したがって我々のシェイクスピアは、書かれた当時に読まれたシェイクスピアよりずっと豊かなんです。

（中略）

傑作は最初から傑作なのではなく、傑作になってゆくんです。〟

ここで傑作を「五〇年や一〇〇年といった長い年月を超えて人々に愛される作品」と定義したとすると、傑作が傑作たるためには、そうなるための時間とプロセスが必要なんだということになる。

その作品が誰かの手に取られ、何かしらのインパクトを残し、想像もしなかったような波及効果を生み、それがまた別の誰かのところに届いていく。

『ハムレット』で言えば、それが一七世紀にイギリスで上演され、シェイクスピアの作品群の中で「四大悲劇」の一つとして数えられるようになり、「To be, or not to be. That is the question.」が名台詞として語り継がれ、やがて世界中のあちこちで上演されるようになり、二〇世紀には映画にもなり……。ぼくらはそういった歴史や経緯を丸ごとひっくるめて『ハムレット』として受け取り、作品と向き合うことになるわけだ。


そう考えると、今の時代の作品たちは不幸だ。

例えば書籍で考えても、一日に二〇〇冊もの新刊が発行され、ひとたびベストセラーになったとしてもそれは長続きせず、数ヶ月から数年もすればすぐ別のベストセラーに取って代わられる。

つまり、今の作品たちには、「傑作」になるために必要な受け手とのコール&レスポンスを形成する余裕はなく、次から次へと消費され消えていく宿命と向き合わねばならない。

とすると、じゃあ今の時代に発刊された本で、五〇年後や一〇〇年後にも読み継がれている本がどれだけあるかと想像すると、期待薄なのかもしれない。

それはそれらの作品がその作品の質においてかつての「傑作」に劣っているからでは決してなく、傑作になるために必要な時間とプロセスとを経験することができないからだ。

現代は、定番商品が生まれない時代？

今、あなたがお菓子の「定番」は何かと聞かれて思い浮かべるものにはどんなものがあるだろうか。かなり主観的なリストで恐縮だが、ぼくなりにその商品名と発売開始の年を並べてみる。

ポッキー　一九六六年
カルビーポテトチップス　一九七五年
きのこの山　一九七五年
ハッピーターン　一九七六年
おっとっと　一九八一年
カントリーマアム　一九八二年
コアラのマーチ　一九八四年

他にも、これ以降に発売されて人気商品になる例外はあるが、定番と呼ばれるものの多くが八〇年代前半以前のものであることが分かる。

ということは、ここ三〇年、お菓子業界ではかつての「定番」の座を覆すような新商品がほとんど生まれていないということになる。それはなぜなのか。

ぼくはその原因が、流通形態の変化にあると考えている。

日本に「コンビニエンスストア」が登場したのは七〇年代初頭。セブン-イレブンの第一号店は一九七四年だ。そして一九八九年、コンビニエンス業態の総売上高は2兆円、店舗数も一六〇〇〇店を超え、スーパーの飲食料品売上の半分を超える。

つまり、お菓子業界に定番が生まれにくくなる時期と、コンビニが世の流通チャネルで大きな存在感を示すようになる時期とが一致しているのだ。

コンビニでは、POSシステム（販売時点情報管理）という仕組みで取扱商品の売れ筋／死に筋をこまめにチェックしている。棚に並べられても、一定期間動きが芳しくないとすぐに棚から外される。

そして、一旦売れ筋として認識された商品も、新商品の登場などに押されて動きが滞ってくると、これまた棚から外される。

どんな商品も「時間との戦い」を強いられている。待ってはもらえないのだ。

かつての定番商品が定番商品としての地位を確立するまでには、それなりの時間をかけての、作り手と受け手との間のコール＆レスポンスがあったはずだ。

すぐに売れなかったとしても店頭に置かれ続ける時間、記憶に残るＣＭ、そのお菓子を持って行楽に出かけた思い出、一緒に食べた人の記憶——そういったものがないまぜになって、その商品が忘れられない一品となっていく。

ただ現在、コンビニでお菓子を売ろうと思ったらそう悠長なことは言っていられない。経営資源をかけるなら、よりキャッチーでお客さんに手を伸ばしてもらえそうな新フレーバーや、季節限定商品の開発だ。

これは短期的に見ればいいことのようにも思える。

「今、この瞬間」ということで言えば、お客さんはより新規性のある、食べたいお菓子に出会える可能性が高まる。実際、新フレーバーや季節限定商品が開発されるのは、単純にその方が売れるからであり、そうした商品を期待し、購入するお客さんがいるからだ。お店やメーカーとしてはそれに対応しないわけにはいかない。

ただその一方で、五〇年、一〇〇年と食べ続けられる定番商品は生まれなくなる。

傑作を失うことで、ぼくらが失うもの

つまり、出版業界に話を戻せば、書店もコンビニ化しているということだ。売れ筋／死に筋で棚を管理し、キャッチーでない、分かりにくい、動きの鈍い本はすぐに棚から外される。そしてそれは、キャッチーで分かりやすい本を求める読者たちのありようと合わせ鏡の関係にある。

では、そうして「傑作」や「定番商品」が失われることは何を意味するのか？

一つには、歴史を失うことになる。

ぼくらは数十年、数百年と引き継がれてきた作品を通して過去を想像することができる。ハムレットが読み継がれているからこそ、一六〇〇年当時のイギリス社会の様子を想像することもできるし、その後、ハムレットがたどった道筋をたどることで文学界、演劇界の歴史を追体験することもできる。傑作の寿命は人間のそれを超える。作品の生い立ちは、そのときどきの人々が何をいいと考えてきたのか、文化や風俗の、そしてときに歴史の生き証人となることがある。

二つには、生み出し得たはずの波及効果を失うことになる。

例えばクルミドコーヒーのロゴともしている「くるみ割り人形」。

元は木製の工芸品で発祥はドイツ。一六世紀にはすでに人の形をしたくるみ割り器が存在していたそうだ。一八一六年には、E・T・A・ホフマン著の童話『くるみ割り人形とねずみの王様』が発刊される。作品はドイツからフランスへ渡り、アレクサンドル・デュマ父子がリメイク（一八四五年）。そのデュマ版をベースに、バレエ作品を完成させたのはロシアのピョートル・チャイコフスキーだ（作品初演は一八九二年）。

一つの作品が長い間愛され続けることによって、それはまた次の作家を刺激し、次の作品を生む。それはときに数百年の時を超え、国境すら超える（余談だが、アレクサンドル・デュマ・ペールは一七歳のときに「ハムレット」を見て感激し、劇作家への道を志すようになったという。そういう意味ではハムレットの存在なくして、チャイコフスキーの「くるみ割り人形」も生まれていなかったのかもしれない）。

今の時代を生きる我々は、「くるみ割り人形」と耳にしたとき、工芸品、童話、音楽、バレエを包含した形でその世界観を味わうことができる。これは数百年の時間が生み出した作品の連鎖を経た今だからこそ経験できる、ぼくらならではの幸福な体験なのだ。

KURUMED COFFEE

くるみ割り人形がモチーフのロゴ

三つには、作品のクオリティを失うことになる。

作品をつくる時点で、それが三ヶ月間で「消費」されることを前提としてつくられるのか、一〇〇年後の受け取り手をも想像してつくられるのかでは、その品質には大きな違いが生まれる。

例えば家具などの世界で、「アンティーク」という言葉がある。

今ぼくらが「アンティーク家具」として愛用しているものも、もちろん最初からアンティークだったわけではなく、逆の言い方をすれば、数十〜数百年の時を超えられる家具をかつて作った職人たちが存在したということだ（アメリカの通商関税法やＷＴＯの関税定率法では「製造された時点から一〇〇年を経過した手工芸品・工芸品・美術品」としてアンティークが定義されている）。

それでは今の時代に作られている家具は、一〇〇年後も使われているのだろうか。常に「初期投資を小さく」「回収期間を短く」という力学にさらされる今日においては、そのように手の込んだ材料、手の込んだ工法で作られる家具が製造される可能性はますます小さくなっていく。

ぼくらは、先祖が残してくれた「アンティーク」を消費するばかりで、次の世代の「アンティーク」を残すことをしていない。いつかぼくらは、後世の人々から「アンティークの谷間の世代」と呼ばれるのかもしれない。

最後に、時間を超えたものにしか出せない味を失うことになる。

京都の名刹を訪ねたときの背筋の伸びる感じ。何百年分もの年輪を内に刻んだ大木に寄り添ったときの安心感。一〇〇年以上前に発刊された本を手にしたときの重み。

その癒しと鼓舞とが入り混じった感覚は、一日一日、一時間一時間に囚われがちなぼくらを悠久の時間へと解き放ってくれる。

そしてまた、五〇年後、一〇〇年後に向けて、みっともない生き方だけはするなよと、それらの作品が語りかけてくるかのようだ。

それがお店であっても、建物であっても、自然であっても、本であっても、家具であっても、長い時間——特に人間の寿命をも超えるような長い時間——をその内に蓄積した物には、その種のものにしか身にまとえない力があるように思う。

ただ、そうした作用は必ずしも客観的に測定可能なものではないだけに、容易に失われる。

時間との戦い

通常、ビジネスにおける成果は、次の数式で測られる。

成果＝利益÷（投下資本×時間）

分子をできるだけ大きく。分母をできるだけ小さく。

特に自分がかつて身を置いた投資ファンドの世界においてはそれがより顕著で、「内部収益率（Internal Rate of Return）」という指標が使われる。そこでは、「今年の一万円は、来年の一万円よりも価値が高い」とされるので、時間の計測も厳密にされる。

つまり、同じ一億円の利益を生み出すのだとしても、それに五年かかったのか、三年かかったのかでは大違いということだ。

いや、話はもっと厳密で「日割り」計算がされるから、「三年」と「二年と三六四日」とでも話は違うということになる。


だからビジネスの世界では、時間をかけることは「悪」だ。

手間ひまをかけることも、それはコスト増につながるから「悪」。

いずれも先の数式の分母を大きくしてしまうからだ（コスト増は、分子の利益を減らすものと見ることもできる）。「できるだけ多くの利益を、できるだけ少ない投下資本、できるだけ短い時間で」がビジネスのルール。

ビジネスの世界では、時間は「敵」だ。時間との戦い、という表現もよく使われる。もちろん現場の一人ひとりのレベルでは違う思いがあったとしても、システムがもたらす力学としてはそうした振る舞いを余儀なくされる。

「時間」と戦って、果たして勝ち目はあるのだろうか。

三〇〇〇〇回のペダル

「クルミド出版」から発刊した『やがて森になる』（小谷ふみ著）は、ちょっと変わった作り方をした本だった。

まず印刷。データ化した版面から樹脂の凸版《とっぱん》を作る。

それを校正機（印刷機ではなく）にセットして、一枚一枚手で紙をセットしながら、ペダルを踏んで刷る。担ってくださったのは、同じ西国分寺を地元とする「九《きゅう》ポ堂」の酒井草平さん。

全二二〇ページ。五〇〇冊分の本文を刷るためには、およそ三〇〇〇〇回、ペダルを踏まねばならないことになる。

さらには裏写りを防ぐために一枚刷るごとに間紙《あいし》を挟む必要もあるし、裏表の位置合わせも刷り手の微妙なさじ加減。インキをつける量や、印刷圧にも気を遣い……、ちょっと想像できないくらい手間ひまのかかる工程だ。

ただ、酒井さんも、著者の小谷さんも、編集・発行を担ったぼくもいずれも同年代で西国分寺三代目。また九ポ堂の所在地が本に出てくる重要なシーンの現場すぐ近くにあるなど、不思議なご縁がいくつも重なったこともあり、なんとしても印刷は酒井さんにお願いしたいと思い、無理を聞いていただいたのだった。

続いて製本。これを担ってくださったのは、長野県伊那市美篶《みすず》に製本所を持つ「美篶堂」。

九ポ堂から丁寧に本が印刷されていく

九ポ堂から運び込んだ印刷済みの本文用紙を、寸法に沿って断裁。それを一枚一枚手で折っていく。一冊あたり五五回。これまた五〇〇冊でおよそ三〇〇〇〇回の折り作業。そしてそれを背固めし、丸背を出し、クロスを貼った表紙を一冊一冊つけていく工程も手作業だ。

今や本文印刷といえばオフセット印刷。製本も機械がやってくれる。もしくは電子書籍であれば、そもそも印刷や製本をする必要すらないという時代。こんなに時間と手間とお金のかかるやり方で、本を作る意味が何かあるのだろうか。

仕事の正体は「時間」である

記号化された「情報」「コンテンツ」を手に入れるだけであれば、電子書籍は十分その期待に応えてくれる。実際、作り手にとっても読み手にとってもそれで十分という「本」はきっとたくさんある。

ただ、ぼくらの作りたかった本はそういうものではない。

ぼくらが提供しているのは「時間」。

これはクルミドコーヒーにおいても常に意識してきたことだった。ぼくらが提供しているのはコーヒーやケーキといった「コンテンツ」ではない。それは、「いい時間を過ごしてもらう」こと。取り扱っているのは「時間」なのだと。

そのためにはどうしたらいいのか？

そう考えたときに辿り着いたぼくらなりの（ひとまずの）結論が、「存在を傾けた、手間ひまのかかった仕事をちゃんとすること」だった。まずこちらが時間をかけること。コーヒーをおいしくすること、ケーキをおいしくすること、気持ちのいい接客をするこひまをかけた丁寧な仕事をちゃんとすること。加えて、ぼくらならではの必然性ある仕事をすること。

これらはすべて必要条件ではあるが、十分条件ではない。変に楽をしようとせず、手間と、空間を清潔に保つこと……。

あらゆる仕事の正体は「時間」であると思う。

それも機械が働いた時間ではなく、人が働いた時間（「働かされた時間」ではなく）。

そして、仕事に触れた人は、直感的にその仕事に向けて費やされた時間の大きさを感じ取るセンサーを持っているのではないかと思う。そしてその費やされた時間の大きさと、そこから生じる「快」の感覚は一定の相関性を持っているのではないか。それは言語的なものではなく、ときには意識すらされないものであったとしても、「なにか落ち着く」「気持ちがいい」「からだがよろこんでいる」のような形で感得されるもの。

「いい時間を過ごせる」ことの正体は、そういうものなのではないかと思っている。

だから雨が降ろうが、雪が降ろうが、毎日お店を開ける。冷凍品やレトルト品を使わず、一品一品を手でつくる。季節ごとに変わるメニューを、毎回手で書いて、みなで貼り替える。できるだけ物事をお金で解決しない。

もちろん、そうかと言ってすべてを一から手で作れているわけではない。コーヒー豆は焙煎したものを仕入れているし、小麦粉だって自分たちが育てたものではない。電気だって人が作ったものだ。

でも、お互いがお互いの持ち場を見極め、他の人の仕事の機会をつくることも経済の重要な側面だと思うし、そうした分業があるからこそ、それぞれがそれぞれの仕事を究めていけるという面もきっとある。

そしてぼくらは、誰のどういう仕事にお金を払うのかを選択することはできるし、また少しずつでも、その道の人に負けないレベルで、自分たちで自分たちの使うものを作り出せる領域を広げていけたらいいなと思う。

本とともにある時間

だからクルミド出版でも同じことをやろうと思った。

それが正解だと思うから、というより、ぼくらにできるのはそういうやり方しかないからと言った方がいいのかもしれない。

「存在を傾けた、手間ひまのかかった仕事をちゃんとすること」。

九ポ堂や美篶堂といった仲間の力を借り、ときに無理を言い、手の平に収まる赤い装幀の本を一緒になって作っていただいた。おかげで、手にしたときの感触、本の開き、一文字一文字の個性、インキと紙のにおい……、各要素にきっと「人の仕事」を、「時間」を感じられる、そういう本を作り出すことができたのではないかと思う。

けれど、モノとしていい本を作ることは必要条件ではあったとしてもこれまた十分条件ではない。ある本をめぐって、「いい時間を過ごしてもらおう」と思ったら、出版社にできること、出版社がしなければいけないことはもっとある。

この本の存在とどう出会ってもらうか、どうやって手に入れてもらうか、どこでどう読んでもらうか、読んだ本をどうしてもらうか。そしてそれは、もちろんその人の人生のある部分でしかなかったとしても、本が読み手の人生にどう寄り添うことができるか。

本を「届ける」ことだって、本の作り手の大事な仕事ではあるまいか。

発刊の一年半後に開催されたイベント

クルミド出版として、同時期にもう一冊の本を出していた。『10年後、ともに会いに』

（寺井暁子著）だ。

本文量の問題もあり（四〇八ページ）、こちらの印刷はオフセットで行ったが、製本は『やがて森になる』と同様、美篶堂にお願いした。クロス張りの表紙の、青い本だ。

発売開始は二〇一三年二月七日だったのだが、それから一年半が経った二〇一四年九月、お店（クルミドコーヒー）でイベントをすることになった（一週間後には紀伊國屋書店新宿南店でも開催）。

通常、こうしたイベントが行われるのは発刊直後とか「何万部達成記念！」などのタイミングであることが多いだろう。特段の意味のない一年半後。そんなタイミングでのこのイベントに何の意味があるのかと自問自答しつつも準備を進めた。そして結果、思いもかけない手応えを感じられる二つのイベントとなったのだ。

一年半も経つと、いろんな変化が起こる。

著者は著者で、読み手は読み手で、時代は時代で。

この本は、著者の寺井さんが二七歳となり、かつての高校時代の友人を訪ねて世界を旅した記録なのだが、この本を出した後も寺井さんの旅は続いていた。本の中に出てくるエジプトでの経験がきっかけとなって、縁はナイル川流域の国々へ（スーダン、エチオピア、ケニアなど）。また、それらの旅の経験のいくつかは記事となり、雑誌に掲載されたりもした。

時間による変化を味わえた、『10年後、ともに会いに』

また読んでくださった方の中には、この本の内容に触発され、自身もかつての友を訪ねる旅に出たという人もいた。

この本はこの本で、当初、クルミドコーヒー店頭での取り扱いしかしていなかったのだが、一年半で、人の縁をたどるように全国一〇ヶ所以上のカフェや古本屋さんや食堂に置いていただけるようになっていた。

このイベントは、こうしたそれぞれの一年半を味わう時間となった。そしてその共通の基準点として『10年後、ともに会いに』があったのだ。

ときに互いの印象や経験が参加者間で交錯し、ときに共感し、ときに違いを楽しみ、それぞれに自身を省み、これからを思い描くような、深くいい時間になった。これは同じ本を読んだという共通体験があったからこそのことだ。

本は本そのものに体験が閉じるものではない。本を読み、本を受けて、本をきっかけとして、本とともにある時間のすべてが本体験の一部となる。そしてそれをシェアするような機会がさらにあれば、他者の経験までが自分の経験の一部ともなる。

こうした場をこれから、三年経過時、五年経過時、一〇年経過時等と続けていきたいと思った。そうすればするだけ、この本は、多くの人の記憶を巻き込みながら、長い時間をともに歩む友のような本に育っていってくれるかもしれない。

そう、本とは時間を味わうメディアなのだ。

愛されるものになるために必要な時間

存在を傾けた、手間ひまのかかった仕事をちゃんとすること。

そしてその仕事を受け取ってくださった方に、時間をかけてちゃんと寄り添い続けること。

これが「時間と戦う」のではなく、「時間とともにある」人の働き。

そうすればきっと時間は味方になってくれる。

本にしても、お店にしても、他のあらゆる人の仕事にしても。

特に「モノ」は物質的には時間の経過とともに劣化する。だがそれ以上に、その仕事をきっかけとした縁が生まれ、体験が積み重なり、それらが記憶となり、やがて愛着とまでなってふくらんでいくとすると、その仕事は時間とともに「劣化」どころか、育っていくことになる。


そしてそうした仕事たちの中でも特に優れたもの、特に優れた時間を生み出し続けたものは、数十〜数百年という長さでもって人々に愛され続けることとなり、やがて「傑作」「定番」「古典」と称されるようになる。

「傑作」は一夜にしてならず。

それは、「作ることに時間がかかる」ことを意味するというより、その仕事を愛してくれる人々の心を育てることにこそ時間がかかることを意味している。


そう考えると今という時代は不幸だ。

本来それが傑作となっておかしくないクオリティの仕事だったとしても、世の中がコンビニ化することで、作品として育っていく時間を待ってはもらえず、受け手とのコール＆レスポンスに価値が置かれないこの時代においては、人々の心に愛着の育ちようがない。

そうして人の仕事は、次から次へと消費されていく。

「利益」の定義を変える

改めてこの数式に立ち返ろう。

成果＝利益÷（投下資本×時間）

自分はこの数式自体を否定してはいない。この数式の結果として導き出される「生産性」を高めるために知恵や工夫を凝らすことは人の可能性を引き出すことでもあるし、「利益」の成長があるからこそ次への投資が可能になり、そのことが生きることの質を高める部分だってたくさんあるだろう。

ただこの数式の使い方を、二つの点で変えていってはどうかと思う。

一つは分子にある「利益」の定義を変えること。

もう一つは、分子を目的にするのではなく、分母を目的にすること。

「利益」とはなんだろうか。

ビジネスの世界においてそれは「お金（金銭的な価値）」であるとされる。ただ世の中で「大事なもの」という観点で言えば、それはお金だけではないはずだ。

例えば先の二冊の本のケースで言えば、活版印刷や手製本にこだわったのは、いいものを作りたいという気持ちがあったことはもちろんだが、それに加えてこうした本づくりの技術を応援したいという思いもあったからだ。

こうした本の作り方が世の中の主流となることはもう考えにくいのかもしれないが、かといってなくしていいものとも思わない。

技術というものは、失うのは一瞬だが、一度失ってしまうとそれを取り戻すのは至難の業。そういう意味で、活版印刷や手製本といった技術がちゃんと残り次世代へと伝承されていくことは、ぼくらクルミド出版チームにとって「大事なこと」であり、利益なのだ。

また「利益は誰にとっての利益なのか？」という問いもある。

主語の一つが自分や、自分たちの会社であることは間違いないだろうが、それだけに限る必要もない。自分の大事な人にとっての利益は、自分にとっても大事だ。

たとえば、ぼくらはコーヒー豆を札幌の菊地珈琲さんから仕入れさせていただいている。

コーヒー一筋五〇年。社長の菊地良三さん、息子の博樹さん。お二人のお人柄そのものののように、実直で丁寧なお仕事。時間と手間もかかるダブルローストで豆の個性を引き出した味わいは、お店で出すコーヒーの味を支えてくださっている（そもそもお店で水出しコーヒーをやってはどうかというアイデアも、良三さんからのご提案だった）。

だから菊地珈琲さんにとっての利益は自分たちにとっても利益。そこはゼロサムゲーム（片方のプラスが、もう片方のマイナスになるという関係性）ではない。

互いが持続可能となるような水準で仕入価格を考えていくし、お金に限らない支援・応援をお互いにし合う関係となっている。

そして、「お金以外のものも利益」「自分の大事な人にとっての利益も、自分の利益と考える」は、「特定多数」の関係においてこそ成り立つものとも言える。

これがもし範囲を広げて、社会全般、不特定多数が対象となると、どうすることが相手の利益になるのか想像も及びにくくなるし、何を大事と考えるのかの合意形成も難しい。

お客さんとの関係でいっても、二七〇〇円という本の値段や、六五〇円というコーヒーの値段には前述の「お金以外の利益」も含まれているわけで、その値段を払うかどうかという意思決定の機会が自然のふるいとなり、そこにも特定多数が形成されていく。

ガラガラのお店を開け続けて得た利益

そして利益には短期的なものと中・長期的なものとがある。

例えばお店の営業時間。クルミドコーヒーは一〇時半から二二時半まで営業しているが、当初一年半くらいは一八時以降ほとんどお客さんが来ずに大変だった。

それがお店全体の赤字の大きな原因となっていた。そこで営業時間を短くするのも一つの選択肢だったが、実際にはそうしなかった。

開店時、実現できたらいいなと思っていたことの一つが「夜にお茶する文化」だった。居酒屋やカラオケもいいけれど、夜に、仕事帰りにカフェでお茶しながらゆっくり語らう時間というのも素敵なんじゃないかと。

ただ当時の西国分寺には残念ながらそんな生活習慣はなく、結果毎日、ガラガラのお店を開け続けるという状況が続いていた。

物事にはすぐ結果が出るタイプのものもあれば、結果が出るまでに時間のかかるものもある。

「まちに新しい文化をつくる」というのは明らかに後者だった。預金通帳をにらみドキドキしながらも、夜の空間演出を見直し、メニューを見直し、ときにはイベントを開催したりもして、「クルミドコーヒーでの夜」の提案を続けていった。

そして一年半ほどが経過した頃からだったろうか。夜の時間を好んで訪ねてくださるお客さんも現れるようになり、少しずつ状況は改善していった。

そして七年が経った今では、「夜にお茶する」ことはクルミドコーヒーまわりでは一つのスタイルとして受け入れていただけるようになり、収支にも貢献してくれるようになってきたと感じている。

ゆっくり、いそげ

先の成果と利益の数式に戻ろう。

もう一つの提案は、分子を目的にするのではなく、分母を目的にすること。

多くのビジネスは利益や利回りを目的としている。となると当然それを最大化するために、初期投資はできるだけかけず、回収までの期間は短く、ランニングコストは抑えて

——となっていくのが論理的な帰結だ。

別の言い方をすれば、自分／自社の利益を手に入れようとすること、つまりテイクすることがビジネスの動機になっている構図がこの数式にも表れているといえる。


それを逆転させてみてはどうか。

目的を、動機を、「ギブすること」にしてみる。

かけるべき時間をちゃんとかけ、かけるべき手間ひまをちゃんとかけ、いい仕事をすること。さらにはその仕事を丁寧に受け手に届け、コール＆レスポンスで時間をかけて関係を育てること。つまり「贈る」ことを仕事の目的にする。


そして分子を「結果」と捉える。

自分たちが本当にいい仕事をできていれば、受け手にとっての価値を実現できていれば、それは受け手の中に「健全な負債感」を生む。そしてそれに応えよう、応えなければいけないという気持ちが、直接・間接に贈り手に利益をもたらす。

売上や利益とは社会からの評価であり、誇っていいもの、誇るべきものだ。そしてその蓄積は、次なる価値創造に取り組むための手段ともなる。

そして、もしもそれが十分もたらされないことがあるとすれば、それは自分たちの仕事

らかだと考える。が十分でないか、もしくはその価値をそれと認識してくれる受け手が十分でないかのどち

もちろん、と言って、時間やお金（分母）を野放図《のほうず》にかければいいということでもない。のんびりやればいいかというときっとそういうことでもない。実際それがいい仕事に結びつくとは、ちょっと考えにくい。

一生懸命、時間をかけるのだ。一生懸命、手間ひまをかけるのだ。

本書の「はじめに」で、北京オリンピックでの北島康介選手の話題に触れたが、彼はただゆっくり、のんびり泳いでいたわけではないだろう。一生懸命、全力を尽くして、ゆっくり泳いでいたはずだ。オリンピック本番に至るまでの（おそらくは）血のにじむようなトレーニングのすべても、そこに至るまでの彼の人生のすべても、その全身にみなぎらせながら。

そういう研鑽を尽くした一かき一かきで、時間やお金と向き合うことができたならば、目的地には思いのほか早くたどり着けるのではないだろうか。

ＧＤＰを成長させる方法

さて。

本書でのここまでの議論は、世の中で大事なものはお金／金銭的な価値だけではないはずで、ＧＤＰの大きさではもはや社会の豊かさは測れない、というのが論旨だった。さらには金銭的な価値の追求に収斂してしまった経済／ビジネスのありようが人間を手段化し、時間を手段化し、結果、生きづらさを生み、人間の可能性が発現する機会すら奪ってきてしまっているのではないかと考えてきた。


加えて、自分がずっと考えている仮説がある。

この本で述べてきたような、時間をかけること、手間ひまをかけること、贈る仕事をすること、を突き詰めてやっていけば、実はきっとＧＤＰさえ成長させていくのではないか。

今は金銭的な価値を追求すること、ＧＤＰを成長させることを（半ば無意識的に）目的として人が働いている。ただ逆説的だが、そうしようとすればするほど人の仕事の中身は空っぽになり、経済成長は遠ざかり、気が付けば日本の一人当たりＧＤＰは世界二四位と落ち込んでいる（二〇一三年）。

そこで、やり方を変える。

お金のために働くこと、お金のための経済をやめる。お金以外の価値の大事さを見直す。一つ一つの仕事に、時間と手間とをちゃんとかける。自分の目的のために目の前の人を利用するのではなく、支援するために力を尽くす。

こうした経済のありようは、お金以外の価値を含めた世の「価値の総和」を大きくする方向に寄与するのみならず、実は人の可能性を引き出し、仕事の内実を高め、結果として長い目で見たときに、世の金銭的価値そのものを大きくする方向にも働くのではないかと考えている。

あくまで仮説だ。

それをまずはクルミドコーヒーから、西国分寺から、証明できたらと考えている。

コラム 7 時間を味方にして生きるには?

今という時代は、「時間と戦って」しまっていると述べた。

それでは、「時間を味方にして」生きるにはどうしたらいいのだろう?

一つには、人間関係をギブから始めること(支援する関係)はそれに寄与するだろう。こちらがギブをし、そのことを相手が覚えており、感謝までしてくれていたなら、それはいつか思いがけないお返しとなって還ってくる。そうしたことが未来に起こり得ると想像できることは、時間の経過を「楽しみ」なものにしてくれる。

反対に日常が「利用する関係」の連続だとすると、関係性は日々痩せ衰えていく。相手の気持ちが離れていくことが分かり、自分に困ったことが起こったとしても、その人はもう助けてくれない可能性が高い。そうした人間関係で埋め尽くされた人生は、常に不安感と背中合わせだ。

もう一つは、目的や目標を絶対視し過ぎないことだ。

「いつまでにこれをやる」「こういう自分になる」が強く意識されると、「今」という時が常にマイナス状態となってしまう。常に自分が「目的地に辿り着いていない自分」「目標を達成していない自分」と認識されてしまうのだ。

そういう点でも、京都・龍安寺にある蹲踞《つくばい》で有名な「吾唯足知（われただたるをしる）」は深いメッセージだ。「常に足りている」と自覚し、在るものに感謝し、不足を嘆かない。この境地に達することができれば、確かに不満や不安を超越し、感謝と満足感とで日々を過ごせるようになるだろう。

もしくはそこまではいけなかったとしても、常に今を「ゼロ」と捉える心の持ちようもある。うまくいかないことも、心配なこともあるかもしれない。何かを失ってしまうことも、傷つくこともあるだろう。ただそれでも、その時をゼロと考える。何せ過去は変えられないのだから。そしてもしそう考えられたなら、ほんの些細な状況の改善でもプラスに捉えられるようになる。時間が常に加点方向に向かうようになるのだ。

もっとも今をマイナスと捉えるからこそ、ハングリーに向上を目指せるのだという考え方もそれはそれで分かる。タフなメンタルを持つ人なら、そういう逆境やマイナス状況をバネに、思いがけない力が目覚めるということもきっとあるのだろうが。

時間とは不思議なものだ。

ミヒャエル・エンデの『モモ』。「時間の国」の大きな丸天井の部屋で、流れゆく時間が咲く花として、静かに響く音楽として、描かれるシーンが忘れられない。一つの時間として同じものはない。

今この瞬間も、目の前でその見えない花は咲き、その聞こえない音楽は静かに響いているのかもしれない。

そしてそう想像したとき、一つ一つの時間を愛する気持ちが、自分の内側から沸き上がってくる。

ゆっくりと、力強く。

あとがき

カフェなんて、別にやりたくなかった。

コーヒーを特別好きでもなかったし、自分で飲食店の経営をするだなんてこと、これっぽっちも考えていなかった。

大体、お店をやるってことはとっても不自由だ。始めてしまったらおいそれとはやめられないし、ちょいと引越しなんてわけにもいかない。そのくせちっとも儲からないし、ネットには好き放題書かれたりもする。あーあ、なんでこんなこと始めちゃったんだろう……。オープン当初はそんなことをよく考えていた。

それが今ぼくは、自分はカフェをやるために生まれてきたんじゃないかと思っている。

二〇世紀初頭のパリのカフェ。そこにはピカソやヘミングウェイが集い、文化が芽吹き、時代をつくる拠点となっていた。なぜあの当時のパリのカフェに、あれだけの偉大な人物たちが集っていたのだろうか？　二一世紀を生きるぼくらはそう問う。

でも実はその因果関係は逆なのだ。「偉大な人物」がカフェに集っていたわけではなく、そこにカフェがあったから、そこに集った人々が後に名を知られるような偉大な人物へと育っていったのだ。

そう教えてくれたのは飯田美樹さんだった（『Cafeから時代は創られる』）。

そう。古今東西を通じ、ある種の場が人を育て、そこから時代を動かしていくことがある。松下村塾しかり、ときわ荘しかり。人が人を受け止め、刺激し合い、切磋琢磨することが人の中に眠る可能性の芽を引き出す。

カフェがそうした場の一つでありうるのは、そこが自由だからだ。

目的もなく行けて、目的もなく居続けることができる。ときには主やスタッフが人と人とをつなげ、ときには思いもかけない人と出くわす。そこでの関係性には上下も同調圧力もなく、目的も議題もない自由な対話からは気付きが生まれ、そこから新しいチャレンジが始まることさえある。

そしてそれらが日常の一部としてある。


ということは、だ。

ぼくらが今、目の前で見ているのは五〇年後のピカソやヘミングウェイであるかもしれないのだ。あるいはそうした「偉大な人物」ではなかったとしても、ぼくらは日々新しい可能性の萌芽に立ち会っているのだ。

そのためにぼくらは毎日、変わりなくお店を整え、変わりなくお店を開ける。ベースやドラムがしっかりしているからこそギターやボーカルが歌えるように、ぼくらは日々、変わらないリズムを刻む。

お客さんが自由であるために、ぼくらは不自由を受け止める。

それがぼくらの仕事であり、ぼくらの本分だ。


「教会とは、水平と垂直の交わる場所である」と誰かが言っていた。「水平」とはここでは、目に見える現実社会。そして「垂直」とは神とのつながり。「教会」を「カフェ」に代えても、意味が通じるのではないかと思った。

「カフェとは、水平と垂直の交わる場所である」。


ここでの「垂直」とは、自分の祖先や子孫（血縁という意味においてだけでなく）をつなぐ軸であり、土地の風土とつながること、自分の生きる文脈を知ることだ。自分が今ここにこうしてあるということは、それほど自由で主体的な選択の結果というわけでもなく、大きな循環の一部としてあるのだと受け容れること。

ぼくにとってはそれが、西国分寺の祖父母から受け継いだ土地で、森の中に入り込んだようなカフェをつくり、人が「いきる」ための場づくりをすること。その役割を受け容れることは、一方でそれ以外の可能性をあきらめることでもあり、ともすればとても不自由なことのようにさえ見える。

でもとても不思議なことに、おかげでぼくは自由になれた。垂直方向での自分の居場所を定めたことで、水平方向の自分は自由になれた。地に足がついた。

垂直方向も水平方向も自由だと、むしろそれは無重力状態となり、身動き取れなくなるのではあるまいか。

自分の本分はこれだと思い定めたことで迷いがなくなった。いつでも帰れる場所のある安心感が生まれた。すべてを自分一人で担う必要はないと肩の荷が下りた。依って立つ原則を手に入れた。

そうしてぼくは今、遠くまで行ける気がしている。

この本を、みなさんに捧げます。

自分をカフェへと導いてくれた、カフエ マメヒコの井川啓央さん。この本に書いた内容の多くは井川さんに気付かせてもらったこと。そういう意味でこの本は井川さんとの共著と言ってもいいようなものです。

クルミドコーヒーを一緒につくってきてくれた社員のみんな。吉間久雄、北村千種、沖居未佳子、高井智之、今田順。卒業した古橋範朗、川上英里、小島理絵。アルバイトスタッフの一人一人。みんなはぼくの誇りです。

クルミド出版のみんな、クルミド劇場のみんな、音の葉ホームコンサートのみんな、地域通貨ぶんじプロジェクトのみんな、N9・5のみんな、マージュ西国分寺のみんな、シェアする暮らしのポータルサイトのみんな、ミュージックセキュリティーズのみんな、一人一人の顔を思い浮かべながら、この本を書きました。

お店を訪ねてくださった二〇万人のみなさんに。

大和書房の高橋千春さん。ぼくを見つけてくださってありがとうございます。
ブックデザインの松昭教さん、イラストのharuna yuasaさん。手に取ってくださる方々の想像力に届く本になったらいいなと思います。

父と母に。二人の子であることを誇りに思います。

家にほとんどいない自分を、それでも支え続けてくれている妻と娘に、心からのありがとうを。

ぼくの中には、これまでご縁をいただいてきた本当に多くの方々が生きていて、ときどき「自分」なんていないんじゃないかと思うことさえあります。そうしたみなさんに、今ぼくは、恥ずかしくない自分であれているでしょうか。一つ一つのご縁に、心から感謝いたします。

俊也に。お前に会える日を楽しみに、それでもしばらく、ここでがんばってみることにします。いつも目の前の人の中に、お前を見ています。

そして、いつかこの襷を引き継いでくれるかもしれない、あなたにも。

これは、はじまりであると信じて。

二〇一五年二月　西国分寺にて

影山知明（かげやま・ともあき）

1973年西国分寺生まれ。東京大学法学部卒業後、マッキンゼー＆カンパニーを経て、ベンチャーキャピタルの創業に参画。その後、株式会社フェスティナレンテとして独立。2008年、西国分寺の生家の地に多世代型シェアハウスのマージュ西国分寺を建設、その1階に「クルミドコーヒー」をオープンさせた。同店は、2013年に「食べログ」（カフェ部門）で全国１位となる。ミュージックセキュリティーズ株式会社取締役等も務める。

ゆっくり、いそげ

カフェからはじめる人《ひと》を手段《しゅだん》化《か》しない経済《けいざい》

2015年３月30日　第１刷発行
2025年４月25日　第13刷発行

著　者…………………　影山知明《かげやまともあき》
発行者…………………　佐藤靖
発行所…………………　大和《だいわ》書房
東京都文京区関口１-33-４
電話 03-3203-4511
装　幀…………………　bookwall
装　画…………………　haruna yuasa
カバー印刷……………　歩プロセス
本文印刷………………　信毎書籍印刷
製　本…………………　ナショナル製本

ISBN978-4-479-79470-7
落丁・乱丁本はお取り替えいたします
http://www.daiwashobo.co.jp